ちくま学芸文庫

西洋哲学史

ルネサンスから現代まで

野田又夫

筑摩書房

目次

二　現代の哲学

西洋哲学史——ルネサンスから現代まで

まえがき

西洋近世の哲学史の全体にわたるハンドブックとして役立つような本を書けとたびたびいわれて来たが、一応その約束を果せたような気がする。この本のはじめ三分の一は十年余り前に書いたが（『アテネ文庫』弘文堂）、こんど新たに「ドイツ観念論」と「十九世紀の哲学」の部分を書き、さらに一昨年書いた「現代の哲学」（『哲学大系』人文書院）を加えた。全体にわたって見直したが、十九世紀から現代にかけては、われわれが同時代人として対する思想家がならび、距離が近いので、十七・八世紀にくらべると、登場人物の数が多くなっている。近いものはこまかな点まで眼にうつるのでやむをえなかった。しかし反対にルネサンスのところは遠目にすぎて不便を感ぜられる方があるかも知れない。そういう方があればちかごろ別に書いた本（『ルネサンスの思想家たち』岩波新書）で補っていただけたらと思う。

哲学の仕事を謙遜に交通整理の仕事にたとえた人がある。哲学史にもそのことはあてはまる。ここ百年ばかりの混雑を知る人はそういう交通整理の仕事の大切さをみとめるであろう。混乱と事故につけこむいかさま思想もたえず現われているからである。

けれども私自身は哲学史の研究を整理の仕事だといってしまえるほど淡白な気持に成りきっているわけではない。むしろ、めぼしい旅人をその宿まで訪ねて対談し、同感と反撥を覚えながらいろいろと教わる、というのが実状である。こんども十九世紀の人々から改めて多くのことを教えられたと思う。

ただその結果をできるだけはっきりのべ、解釈を私の流儀で一義的にしようとした。この点ではやはり交通整理者の態度を範としたといえる。断言的であり教科書的であろうとはつとめてしたのである。思想の圭角を大切だと思い、また場合によっては反対の解釈をよびおこしてそれから益をうけたいと思うからである。もともと一流の思想家に八方美人はいない。かれらはたいてい無愛想である。

巻末に人名と事項との索引および年表をつけてこの本の使用を便利にして下さったミネルヴァ書房編集部の方々にお礼を申上げる。

昭和四十年二月

著者

一　近世の哲学

I　概観——ルネサンスから現代まで

西洋近世の哲学の発展を大まかに見わたすと大体六つの時期に分れる。第一は、十五・十六世紀の醱酵の時代、いわゆるルネサンスの時代である。そこには思想のさまざまな可能性が現われているが、主としてみられるのは、汎神論的傾向——世界を生命にみちた全体と見て、これを神と同一視するにちかい考え方——である。この時の思想を生んだ国は主にイタリアとドイツとであった。第二は、ルネサンス時代をうけて、真の意味で近世的な自然の見方を、数学的自然学として確立し、これをふくむ古典的理性主義の形而上学体系を生みだした、十七世紀である。この時思想の中心となった国は、フランスであり、オランダとイギリスとがそれに協力した。絶対王政下のフランスの「秩序」を中心に、オランダやイギリスの「自由」が加わって、デカルト、ホッブス、スピノザらの哲学に場所を与えたのである。第三は、いわゆる「啓蒙主義」の哲学を生んだ十八世紀である。これを生み出した国は主としてイギリスであった。イギリスは、前の十七世紀後半に市民革命を行ない、市民の政治的経済的地位を高めるとともに、市民の哲学ともいうべき経験論・自由主義の母胎となった。そしてこれは、大陸特にフランスに伝えられ、十八世紀末の大革命の精神的支柱となる。同時にそこに含まれた問題は、特にドイツにおいてつよく意識され、啓蒙主義に対立するロマン主義思想を生む。すなわち第四に、ロマン主義の形而上学体系が、カントにつづくドイツ観念論者すなわちフィヒテ、シェリング、ヘーゲル、ショーペンハウエルによって示されることになる。しかし前代の啓蒙主義とロマン主義との関係は、同じ時期のフランスとイギリスとでは、ドイツとちがった形を示し、このことが、第五の十九世紀の哲学のすすみを多岐にしている。けれども全体としていえば十九世紀において、一方科学の分化に応じて哲学の論理についての反省が深められるとともに、他方世界観の多元性がつよく意識されることになったのである。そして最後に、二十世紀の第一次世界大戦以後の時期を「現代」として、これが近世哲学の第六の時期を劃すると見るならば、ここでは、世界観を新たに選びとろうとする意欲（「生」や「実存」の哲学）と、論理的分析を新たにして哲学を客観的公開的であらしめようとする努力（実在論・実証論）とが争っているといえる。これは、十九世紀の哲学の二面をさらにきわだたせているとも見られ、また啓蒙主義とロマン主義の対立の再現とも見られ、さらにルネサンス時代と十七世紀との共存とも見られる。

Ⅱ　ルネサンスの哲学

いわゆるルネサンスの運動は思想に関しては、まず古代文献学の進歩にともなってギリシャ・ローマの古代思想が、中世哲学の精神にもはや拘束されることなく、その原始形態において再発見されゆく、という点にみられるが、つづいて、かくて再発見された思想の可能性が、新たな近代的生活感情によって現実化され発展させられることになる。ルネサンスの汎神論的な諸哲学と近代自然科学の発端とがそこに現われる。それは十五・六の二世紀の思想のうごきにおいてみられる。

ニコラウス・クザーヌス

それの先駆であり、後続する諸哲学の枠を示しているのは、十五世紀前半に現われたドイツの僧ニコラウス・クザーヌス（Nicolaus Cusanus, 1401-1464）である。まずこの人の生涯を顧みることによって当時の形勢をうかがおう。モーゼル河畔の一小市クース（Kues）

に生まれ、少年時代にはオランダのデヴェンテルで「共同生活修道会」の学校で教育をうける。この団体はエックハルト（Meister Eckhart, 1260頃-1327）にはじまるドイツ神秘主義の流れをうけて民衆の教化に努力した、特色ある団体であって、有名な『キリストのまねび』に名をとどめたトマス・ア・ケンピス（Thomas a Kempis, 1380頃-1471）もこれに属し、ほぼクザーヌスの同時代人であった。——つづいてクザーヌスはイタリアに遊学、パドヴァ大学で法学を学ぶ。人文主義の精神が若い心に注がれる。学位を得て、帰国、ほどなく僧籍に入る。かれはカトリック教会のいわば革新派に属し、ドイツ教会のローマに対する発言権を増大することにつとめ、バーゼルの宗教会議において僧官任命権をめぐってローマ側と争った。しかし一四三七年にはローマ法王庁に与し次第に重用される。教会の主権が教会全体に在って法王はそれを代表するにすぎないという考えは、まったく捨てられたのではない。ただかれはローマ法王の絶対主義の秩序を通じて、より広く深い統一に達しうると信じたのであろう。——法王エウゲニウス四世に信任され、おりからトルコの侵攻をうけて危殆におちていた東方教会と西方ローマ教会との合一の企てに参画し、三七年特使としてコンスタンチノープルに赴く。翌年帰国の船上でみずからの根本原理「反対者の一致」（後出）を悟ったという。これからほどなくコンスタンチノープルは陥落して東方の人文学者が多数イタリアに移動するのである。四八年法王ピウス二世の下で枢機官となる。ドイツ教会における僧侶の腐敗を責め、またボヘミアのフスの徒と折衝する。

ニコラウス・クザーヌス

一四五〇年ブレンネル峠道に近いブリクセンの僧正となり、オーストリアの大公と争って一時投獄される。頸骨はなはだ固い一流の教会政治家であり、晩年にはたびたび法王の仕事を代行した。

思想家としてはドイツ神秘主義、新プラトニズムに立ち、ことにピタゴラス風の数学的調和を強調する点で新科学の世界像をも予示した。主著『学識ある無知』（*De docta ignorantia*, 1440）を見ると、「神」と「世界」と「人間」とがひとつの論理で貫き解され、「キリスト」論で結ばれている。——「神」は「極大なるもの」であるが、その「極大」は、「極小」に対するもの、従ってその意味で相対的なもの、ではなく、「絶対的極大」つまり同時に極小でもあるところの極大である。神は極大と極小との統一である。そしてこれをひろげて、神の本質は、あらゆる対立の統一、「反対者の一致」（coincidentia oppositorum）であるという。そしてかかるものとしての神は、われわれの感覚を超え想像を超え理性をも超えて、ただ「無知の自覚において触れられる」ものである。否定を通じて直観されるほかないものである。

このようにすべてを「包蔵」（complicatio）する神の本質が、空間と時間とにおいて「展開」(explicatio) されたもの、つまり「制限された極大者」が、「世界」である。神はいわゆる「反対対立」と「矛盾対立」とを超えた一者であるが、その反対対立の統一が「空間」的世界として展開され、しかもなお、同時的空間的には共存できない矛盾対立の両項をも展開する場としてさらに「時間」が、世界に与えられる。世界はかくて空間的時間的に「無限」である。それはどこかに一つの中心をもつものでなく、中心はどこにもないとともにまたいたるところが中心であるというべきなのである。――このような無限の世界においてある諸物は、「形相」と「質料」とから成り、形相と質料との結合者は、「愛」であって、それがすべてのものの生産の原理(生殖を考える)、従ってすべての「運動」の原理である。

さて世界が神性の展開であることから、世界の諸物が、やはりそれぞれの仕方で神の「統一性」を宿していることが帰結する。「すべての被造物は、いわば有限な無限者、創られた神である。」そうして各々のものは、かく神の「一」を独自な仕方で映すことによって、他と代え得ない「個性」をもっているとともに、すべてが神を映すゆえをもって、すべては相互に「比例」「調和」の関係にある。――従って「すべてはすべての中にあり」、全世界と世界内の各存在者との関係もまた、映し映される関係である。だから、世界を「大なる宇宙」というならば、物は「小なる宇宙」である。

中でも人間は、精神的自覚的に、宇宙を映し神を映すところの、優越した個体であり、万物の「尺度」である。「精神」(mens)は「測るもの」(mensura)であると、クザーヌスはいう。そして人間精神は、その認識の最後の段階において、神との直接的合一にいたりうる。同様にまた、人間は意志において自由である。この人間意志の「自由」と、神の意志の表現である「摂理」とは、根柢において一つにつながっている。「私は明日書をよむこともよまぬこともできる。そして私がいずれを選ぶにしても私は摂理の外に出ることはない。なぜなら摂理は反対者を包んでいるのだから」。このような自由をもって働く人間は「第二の神」ともいうべく、神が現実物の創造者であるのに似て、人間は思想と技術的形相との創造者なのである。

さて最後に、絶対的な極大者としての「神」と、制限され具体化された極大者としての「世界」との、両方の性格をかねた存在、「絶対的にして同時に制限された存在」がもとめられ、それは優越な存在者としての人間に、しかも神の「一」性に応じて唯一人の人間に、見出されるべきであると考えられる。イエス・キリストこそそれである。かれの行状はかれが人間であるとともに神でもあることを明らかにしている。——そしてこのキリストへの信と愛とにおいて、すべての人が結びつくところに、教会が成立する。教会とはこの場合、もっとも具体的な理想的な人間社会そのものにほかならないのである。

このクザーヌスの体系において信仰の内容を理性によって理解するという中世の哲学の志向がみとめられるとともに、すでに近世的な世界観人生観が力づよく表現されているといってよい。その第一の特色は、神秘的汎神論である。世界は神に比して無にひとしい消極的存在であるとはもはや見られず、まさに神の「展開」であり、そのすみずみまで神の生命に貫かれている。クザーヌスみずからは「汎神論」の批難にこたえて、自説がキリスト教の「創造」のドグマに矛盾しないことを論じている（神の知は世界知の否定によって達せられるのであって神と世界とを同一視する汎神論にはならないという）が、世界と人間とに対する力づよい肯定がクザーヌスにあることは明らかである。世界と人間とは神性にみちているのである。これはルネサンス期の形而上学全体の特色を先取している。特色の第二は、そのような汎神論的見方の当然の帰結として宇宙を時間的空間的に無限とみるとともに、そこにピタゴラス以来の数学的比例によって考えられる調和を求めていることであって、これはコペルニクスからガリレイ、ニュートンにいたる近代科学の宇宙論の性格を大規模に予示するものである。

ピコ・デラ・ミランドラ

われわれはまずクザーヌスの第一の特色がその後の思想家においていかに展開されて行ったかをみよう。それは、現実には、クザーヌスと縁浅からぬフィレンツェのプラトン・アカデミーの学者たちを出発点とし、次第にクザーヌスの予示した方向に展開されて行ったとみとめられる。メディチ家の支持をうけた東方のプラトン学者を中心に一四四〇年恰もクザーヌスの主著の公刊の年に設立されたこのアカデミーでは、新プラトン主義とキリスト教的敬虔とが一つに結ばれた。マルシリウス・フィチーノ(Marsilius Ficinus, 1433-1499)にとっては、キリスト教とプラトン哲学とは同一の真理を示すものであって、キリスト教と同様プラトン哲学もまた神の啓示にもとづくものなのである。そしてこのフィチーノとともに、当時達しうるかぎりの多様な思想的伝統を「類比」によって連絡づけて一つの世界体系をきずこうと努力したピコ・デラ・ミランドラ(Giovanni Pico della Mirandola. 1463-1494)がいる。アリストテレスの考えにもとづきそれに新プラトン主義の思弁を加えてできた宇宙論に従って、ピコは三つの世界、地上界・天界・霊界を考える。地上界は月下の世界であって暗く、天界は遊星ならびに恒星の属する諸球層から成って明暗の交替を示し、最後に、天使と神との座である霊界が純な光の国としてある。三つの世界はそれぞれ感覚的生・理性的生・叡知的生に相当し、人間はその自由のゆえにこの三つの世界のいずれにも出入しうる独自な存在者であり、十分な意味での小宇宙なのである。――神が世界を創ったとき、地上界には生物の群を、天界には諸霊を、霊界には天使を、住まわせたが、そのあとでさらにこの世界の調和を知り美を嘆ずることのできる存在者を創ろうと欲した。しかしもはやそういう存在者を創るべき「原型」も、それに与えうる特別な「賜物」も残されていなかったゆえに、その存在者は神自身にかたどって創られ、特別な賜物の代りに、あらゆるものを自ら選ぶ「自由」を与えられて、世界の中心におかれた。

この存在者こそ人間である。人間は自由に、獣の生にも天使の生にも与かることができ、さらに天使よりも高く神との内的合一にすらもいたりうるのである。

パラケルズス、ヤコブ・ベーメ

さてフィレンツェのプラトン主義は、アルプスの北に伝えられて、この時代のドイツの神秘的自然哲学の形成に力をそえる。十六世紀はじめにスイスにあらわれた有名な医学者パラケルズス（Theophrastus Paracelsus, 1493-1541）も、ピコと同様な三つの世界を前提し、就中地上界においては、煉金術の三元素（水銀・硫黄・塩）が質料となり、これに生命原理が働いて、すべてのものが形成される、と考える。そして生命原理が、質料の不調によって、活動を阻まれることが、病気にほかならないから、これを癒やす途は、薬剤を加えて生命力の障碍を除去することにあるわけである。

ところでパラケルズス風の自然哲学が次々に継承されてゆくのと平行して、すでにクザーヌスを生んだドイツ神秘主義の流れは、パラケルズスの同時代に宗教改革者ルターを生み、さらにルター教会のドグマをもこえて自由な神秘主義の普遍宗教に向う。この途にはシュヴェンクフェルト（Kaspar Schwenckfeld, 1489-1561）やフランク（Sebastian Franck, 1499頃-1543頃）の名が記録されている。そしてその途がさきの魔術的自然観と合一したとき、ドイツ・ルネサンス哲学の最後の帰結として、北ドイツの靴工、ヤコブ・ベーメ

ヤコブ・ベーメ

（Jakob Böhme, 1575–1624）の神智学が生まれたのであった。

ベーメの問題は、原罪にまつわられた魂が、「天上に独り離れて住む」超越的な神によって、いかにして救われるのか、という不安にあった。原罪の意識はベーメにとって、超越的な人格神によって癒やされないものであった。そこで、かれは神秘主義者の途に出で、神との直接な合一をめざして、「嵐の如く神に迫った」。そうして最後に、神そのものがそこから生まれる場所、人格としての「神」の根柢である「神性」そのものにおいて、善と悪との共通の根源を見出し、魂の安らいをうることができた、という。クザーヌスが無知の知においてはじめて触れうるといった、「反対者の一致」としての神に、ベーメは達したのである。――そこでかかる神性を出発点として自然と倫理とのすべての問題を理解する「神智学」（Theosophie）がベーメの説くところとなる。その内容は、第一に、神はいかにして自己自身を生むか、第二に、いかに世界は創造され悪が出現したか、第三に、救済と終末とはいかに起こるか、である。

第一、人格神そのものの根柢としての神性を、ベーメは「無底」（Ungrund）とよぶ。これは、第一に、他者に根柢づけられないものを意味するが、同時に第二に、未だ何者の根柢ともならず何者をも生まないものを意味する。「つくられもせずつくりもしない神」である。しかしこのような「無底」として、神性の中にすでに、相反する二力が動いている。一つは自己を予示しようとする「意志」であり、他は自らの中に引きこもろうとする「我欲」である。前者は神における「精神」的原理、後者は神における暗い「自然」である。そして意志が我欲にうちかって「知慧の鏡」が生じ、この鏡において、精神としての神およびすべての被造物の原型が、直観される。それを現実化して、まず成り立つのは、「神の国」と「三位一体の神」とである。

第二に、永遠なる神の国に「時間」が与えられて現実の「世界」となり、同時に「天使」が創られる。これが第一の世界創造であった。ところで天使は神そのものとひとしく、「無底」から生まれたものゆえ、神にひとしく「自由」をもち、それによって神にそむく。そこで「世界」も神をはなれて混乱し、地獄に化する。けれどもふたたび神の愛が発動して自然の調和が恢復され、このたびはそこに「人間」アダムが創られる。これが第二の世界創造であり、旧約の創世記はこれをのべたものである。

第三、かくて人間の歴史がはじまり、アダムは、堕落天使（悪魔）にそそのかされて罪におちるが、神の愛は救主キリストを人間に送る。人間は時間においてあるゆえに、ひとたび犯した罪から、キリストによって、脱却することができる。時間はクザーヌスも考えたように、矛盾的対立を容れるものなのである。しかし悪魔は、永遠的存在であって時間の中にないから、その罪を贖うことができない。かくて最後の日に、罪と救い、悪と善とは、永遠に分離されておわるであろう。

最後はきびしい審判と分離とであった。ルネサンスの自然哲学をうけいれつつ、ベーメはドイツ・プロテスタンティズムの宗教的倫理的二元論をも維持したのである。ベーメが生前から「ドイツ哲学者」(philosophus teutonicus) の名を得たのももっともであった。

テレシオ、ブルーノ

眼をふたたびアルプスの南、イタリアに転じよう。そこにはパラケルズス、ベーメの暗いドイツ哲学とはことなって、明るい色彩をもった自然哲学と汎神論が、十六世紀半ばに形成されはじめる。上述のピコやパラケルズスの自然哲学においては、クザーヌスがすでに示していた宇宙の無限性と同質性との考えは、かえって生かされていなかった。かれらにとって目に見える宇宙は、地球を中心とする諸々の球層の組織であり、閉じられた有限の宇宙である。また月下の地上界と天界とは性質的に区別され、価値的に分たれていた。これに反して、クザーヌスの世界は神の展開として無限であり、その中心はどこにもなく、そこでは地球(地上界)もまたその他の星と同じく天界にあるのであって、月下の世界と天界との区別は原理上否定されている。——このようなクザーヌスの宇宙論の近代的な特色が、いまやイタリアの汎神論において、展開されるのである。この系列に属する思想家は、カルダノ（Girolamo Cardano, 1501-1576）、テレシオ（Bernardino Telesio, 1508-1588）、ブルーノ（Giordano Bruno, 1548-1600）、カンパネルラ（Tommaso Campanella, 1568-1639）である。この中われわれはテレシオの経験的自然研究と、ブルーノの汎神論的体系とを一瞥しよう。

　テレシオはきわめて徹底した経験論者であってすべての認識を感覚的経験にもとづくものと考え、自然研究もつねに観察から出発せねばならないと強調する。そしてこのような態度においてテレシオが見た自然の姿は、受動的な質料（物質）と、これを動かす能動的原理としての「熱と冷」とによって、構成されている。熱は膨脹・稀化の力であり「冷」は収縮・濃化の力である。物質に、相反する二力が働いて、自然のすべてが生まれるのである。――「生命」も熱の一つのあらわれである。熱によって稀薄化された活性の微細物質が動物的生命の中心をなし、感覚・記憶などの「意識」もそれから生ずる。

テレシオ

　しかし物質から感覚や記憶の機能を導き出そうとするとき、逆に物質そのものに極微の感覚をみとめることに導かれる。物と物との働き合いが物の種類に応じてそれぞれ独自な形をとること（たとえば磁石が鉄を引くこと）は、物が物

ブルーノ

を認知してそれぞれの場合に適切に行動することである、と解釈されるにいたる。自然のすべては生き、感じているのである。——

さてこのようなテレシオの生命論的自然学を踏み台として、ふたたびクザーヌスにもどり、大なる汎神論的展望を開き示した思想家が、ブルーノである。——ここにもっとも純粋な汎神論の体系がある。神は宇宙の「超越的原因」ではなくて「内在的原因」であり、「生まれた自然」(natura naturata)の根柢にある「生む自然」(natura naturans)そのものである。諸物は「質料」と「形相」とから成るが、質料は単に消極的な原理でなく積極的な存在であり「形相そのものの母胎」「現実性の源」であり、「形相」ももちろん能動的な生産者、作用原因と目的原因とを一つにした、自然の「内なる芸術家」である。——そしてブルーノは前期の著書において上の如く大宇宙から出発して自説を展開したが、後にまた、自然の最小の単位を、生命にみちた個性的な「単子」(monas これは「一」を意味する)と考え、単子の有機的調和的結合によって宇宙を理解しようともこころみた。汎神論における普遍主義と個体主義とが、かれにおいて共存している(次の時代のスピノザが前者を、ライプニッツが後者を、とるであろう)。

さてこのように神的生命の展開とみられる宇宙を、ブルーノは、コペルニクスの地動説を採りつつ、無限の宇宙として描いた。クザーヌスがすでに示したように、宇宙は時間的空間的に無限でなくてはならない。この無限の「宇宙」の中には、コペルニクスの考えたような太陽系が、無数に存在する。恒星はそれぞれ一つの太陽である。各太陽系を以て一つの「世界」というならば、「宇宙」(universum)の中に無数の「世界」(mundus)があり、おのおの誕生し生長し死滅する。――そこには上下もなく天地の別もない。地球もエーテルの海にうかぶ一つの星である。地上界は汚れて卑しく天界は清くして高い、と考えるのは人間の妄想にすぎないのである(このような宇宙観が、カトリックのドグマに反することはいうまでもないであろう。神が唯一の救主をこの地上に送ったことの意義は、宇宙論的に理由づけられなくなる。ブルーノは、異端のために追及され、フランス・イギリス・ドイツを流浪の末、故国に帰って一六〇〇年火刑に処せられたが、かれの異端の最大なものとみとめられたのは、無限の宇宙の説であった。ブルーノの刑死を目撃したローマの一僧侶は「別の世界に行ってローマの処置を語るがよい」と嘲り記した)。

かくてキリスト教的な人間理解は全く斥けられる。生物が地球以外に存在しない理由はない。他の星に人間に似た生物がありえぬわけはない。人間の地位は宇宙論的に相対化される。神に創られたアダムとしての人間はもはや無視され、自然から生まれ未開状態から文化へとすすむ人間の自然史が考えられる。ブルーノは「手」の使用が文化の起源にある、という。――当然ブルーノの宗教は、「自然宗教」である。かれはセム族の宗教に対して全面的に拒否の態度をとった。ユダヤ教もキリスト教も、極度の困窮によってひがんだ心情を前提してのみ成りたち、偽善と不寛容は当然それにともなう。これらに対しては古代の無邪気な自然崇拝の方がはるかにまさっているといわねばならないのである。

倫理もまた自然主義的に考えられる。「善行の無価値」を説くルターの説には特に反対する。神の意図は人間を活動的にすることであり、自らの本性の発展によって社会的善に貢献することこそ真の徳である。――しかしながらブルーノはテレシオのように感覚論的自然主義にはとどまらない。社会的善の根柢に、それをこえて、宇宙的善があり真理がある。「真理」も「知慧」も「正義」も、一者なる神的生命においてはじめて純粋に存在する。最後には、生死をこえてこの神的生命に到達すること、古来「心」を象徴する蛾が、火を求めて自らを焼くように、自らを神の火に焼くこと、これが「英雄」の途であり、哲学の最後の目標である。

コペルニクス、ケプラー、ガリレイ

ルネサンス汎神論の形而上学をイタリアとドイツの思想家たちについて見たわれわれは、次に、この時代の思想のもう一つの重要な側面であるところの「科学的自然観の形成」ということについて考えねばならない。ところで「科学の起源」についての近頃の研究の示すところでは、科学的自然観のはじまりは、われわれの見て来た十五・六世紀よりもさらにさかのぼって十四世紀における後期スコラ哲学にあるといわれている。特にオッカムのウィリアム（William of Ockham †1349）の弟子たちが、世界を没価値的に、目的論をはなれて、見るという、科学的態度を示しはじめたといわれる。しかしそういう世界認識の態度が、現実に天文学の改革と新力学の形成とに達するのはわれわれの見ている時期、特に十六世紀においてである。すなわち一方ではプラトン主義の哲学を背景に天体の運動の数学的記述がコペルニクス、ケプラーにおいて新たにせられ、他方地上の物体の運動の法則がガリレイによって正確にとらえられ力学の基礎がおかれるのである。

まずプラトニズムと結びついた数学的自然観は、コペルニクス（Nicolaus Copernicus, 1473-1543）において、天動説から地動説への転回をなしとげる。コペルニクスはポーランドの僧、若くして北イタリアに留学し、新プラトニズムに接した。かれは、よく知られているように、プトレマイオスの天動説では遊星の運動の記述が幾何学的にきわめて煩わしいものとなり、観測される事実とうまく合わないことを見て、より単純明晰な記述のための新たな仮説として、地球をふくむ諸遊星を太陽を中心に

コペルニクス

ケプラー

円軌道を画くものと考えた。そしてこの新説が仮説にすぎないことを、教会のドグマに対する遠慮から認容している。しかしながら、この地動説は、純粋に科学的な仮説というには尽きない、形而上学的基礎をもっていたとみられる。プラトニズムに結びついた太陽崇拝の動機がコペルニクスにおいて明瞭にみとめられる。かれの宇宙において、太陽は、遊星の運行に力学的な関係をいまだもっていず、宇宙の中心またはややそれを外れた点にあってすべてを照らすもの、つまりもっぱら光の源であると考えられている。「世界の光」「世界精神」「見える神」などと太陽は呼ばれている。

同様なプラトニズムの精神において十六世紀末から次の世紀のはじめにかけて、ケプラー（Johannes Kepler, 1571-1630）が、遊星軌道の性質を驚くべき正確さを以て数学的にとらえた。ケプラーの初期の著述から後期のそれへと辿りゆくとき、ピタゴラス、プラトンの伝統に立って宇宙の調和の美に熱狂しつつ、どこまでも精密に観測と計算とをくりかえして、いわゆる「ケプラーの三法則」の次々の発見に至った過程がいかなるものであったかを見ることができる。火星軌道の計算において、軌道を従来通り円とするときに得られる計算値と、観測値との間に、僅かの差があることを知り、その理由を追求してついに、軌道が円でなく楕円であることをつきとめる。ケプラーにとって現象の「真の原因」は数学的関係そのものであり、「物質のあるところには量がある」のである。ピタゴラス、プラトンの考え方がもっとも著しく近代科学の発展に寄与した典型的な場合が、ケプラーにおいてみとめられるのである。

さて一方このような天文学の進展にみずからも与かって力をそえつつ、他方新たな力学の基礎をおいた人は、ケプラーの同時代人ガリレイ（Galileo Galilei, 1564-1642）であった。すでにレオナルド・ダ・ヴィンチが、コペルニクスと同時代にクザーヌスの精神を継承して、力学の形成に歩をすすめており、「力学は数学の楽園である。なぜならこの楽園においてひとは数学の果実を得るのだから」といった。けれどもレオナルドの業績は組織的でなくかつ世に知られずに終った。力学の形成の功はガリレイのものとなったのである。

ガリレイ

――ガリレイの天文学に対する寄与は、望遠鏡を用いて、木星の衛星や、金星の盈虚《えいきょ》など、コペルニクス説を裏書きする事実を発見したことであり、かれが宗教裁判にかけられ有罪の宣告をうけたのも、プトレマイオスの宇宙論を暗に排してコペルニクスのそれを正しいとした「天文学対話」によるものであった。しかしかれは天文学ではケプラーの線にまで達せず、かれの独創はむしろ力学にあったのである。かれはまず明瞭な方法的自覚をもち、自然研究において、事実を「分析」する手続きと、それによって得られた法則から「綜合」によって事実を説明する手続きとの、二つの手続きが必要であることを明らかにした。そしてこの「綜合」の手続きの中には、理論を事実につきあわせて、理論の真理を、事実によって実験的に証明すること、いわゆる「検証」ということがふくまれている。この点が、ガリレイとコペルニクスやケプラーとを分かつ点であり、コペルニクスやケプラーはプラトン風に理論の真をむしろそれの内的な数学的な明証においてみとめたのであったが、ガリレイはプラトンよりはむしろデモクリトスの原子論を背景にもちつつ、アルキメデスの実験的精神をつぎ、実験的に事実につき合わすことによってはじめて理論の真が確かめられると考えたのである。

さてこのような考え方をもとにして、新たな力学の基礎がおかれる。スコラ哲学の運動理論によれば、物は本質的に静止に向い、物の運動の目的は、その物のあるべき位置にいたって静止することであり、逆にいえば物はたえず外から力を加えなければ、運動をどこまでもつづけることはない。しかるにガリレイは、「斜面」についての有名な思想実験の示すように、運動する物は外力が加わらないかぎり等速直進運動をどこまでもつづけること、従って力は、速度の原因でなく速度の変化（加速度）の原因であることを明らかにし、近代の力学の基礎的知見を与えた。力学的（機械的）自然観の原理がここにうち立てられた。もっともガリレイはみずからの力学を以て、ケプラーの遊星の運動法則を解釈して天文学を力学的に組織するにはいたらず、この仕事を後のニュートンに残したのであったが、それへの原理的な一歩をふみ出したのである。

Ⅲ　古典的理性の哲学（その一）

十七世紀の中頃に身をおいてヨーロッパの状況をみよう。政治と経済の中心はフランス、オランダ、イギリスなど、大西洋に向った諸国にある。これらの国において中央集権的な近代国家の秩序が形成されつつある。イタリアは前代における諸都市の活動にもかかわらずついに国家の統一に達しなかった。ドイツも同様である。経済的には新航路の発見によって、イタリアとドイツの繁栄のもとであった地中海や内陸河川の貿易路の意義が小さくなり、大洋に面した諸国に、貿易の中心がうつり、これら諸国の産業の規模は次第に大きくなってゆく。

文化においても求められるのは秩序であり統一である。ルネサンスにおける生の充溢につづいて、理性的秩序がいまや文化のスタイルを形づくる。ラブレの哄笑でなくコルネーユの自制が、シェイクスピアでなくミルトンが、時代を象徴する。――しかも理性的秩序は、この時「絶対性」をもっていたことを注意せねばならない。この理性は、宗教的背光をもっているのである。いったい十七世紀はカトリック教についていえば宗教復興の時代、いわゆる反動宗教改革の時代であり、それは政治上の絶対主義と結ばれている。フランスがその典型的な場合である。そして、方向はある意味で反対であるが、新教国オランダやイギリスでも、同様な宗教的エネルギーが働いている。オランダではカルヴィン派の信仰は民衆に根を下ろし、それがオレンジ家の独裁を支え、イギリスでは清教徒の革命があった。——そしてこの時代の哲学もまた、このような宗教的絶対性を背後にもつ理性によって貫かれている。デカルトやスピノザやライプニッツにおいて、それは明らかにみとめられる。かれらは教派に対して自由であったが、かれらの「理性」はやはり絶対性をもち、次の世紀の思想家にみられるような、相対化された理性ではない。

ベーコン

しかしながらルネサンス時代と十七世紀とを分かつ上のような特色は、もちろん突然に現われたものではなく、われわれの叙述も、ルネサンス時代を叙してすでに十七世紀初頭に入りこんでいたのである。ケプラーやガリレイは、デカルトの同時代人といってもよい人である。科学的自然観に関してルネサンス時代と十七世紀との間に切断はない。著しい差異は、ルネサンスの生命主義の汎神論と、十七世紀の機械的自然観との間にみとめられる。しかも、これに関しても、中間の形態は存在するのである。それは十七世紀初頭に、

フランシス・ベーコン

全ヨーロッパに名声をひびかせたイギリスのフランシス・ベーコン（Francis Bacon, 1561–1626）の哲学である。そこでデカルトやスピノザを語る前にベーコンに一瞥を払わねばならない。

ベーコンはよく知られているようにエリザベス女王とジェイムズ一世に仕えて、殊に後者の下では大法官にまでなった政治家である。早くからスコラ哲学に不満をもち、自然研究を実験的に行ない発明や発見によって人間の自然に対する支配力を増すことが、学問の目標であると考えるに至った。人間に三つの野心がある。一は自らの国の中で権勢を得ようとすることで、よくある卑しい野心である。二は自らの国全体の力を、人類の間で増大しようとすることで、第一のものよりましであるが、やはり貪欲を脱しない。第一も第二も、人間が人間を支配しようとすることにすぎない。これらに反して、第三に、人間が人間を征服するのでなく、人間が全体として協力して自然を征服すること、を目指す野心がある。これこそ正しい偉大な野心といわねばならない。「事物に対する人間の支配」（empire of man over things）こそ生の目的でなければならない。――ところでそれに達することは、「知識」（scientia）によってのみ可能である。すなわちひとまず自然に服従して原因の連鎖を明らかに知った上でなくては、自然を支配することはできない。「人間のなし能うところは、ただ彼の知るところである。」そして逆に、真の「知識」は「力」なのである。

ベーコンはかかる知識獲得のためのプログラムを大規模に考えた。まず虚心に自然の事実と法則をうけ入れる前提として、われわれの側の偏見や誤謬をのぞかねばならない。個人的偏見（好悪の如き）、種族的偏見（感覚や想像の誤謬の如き）、社会的偏見（ことばと事物とを混同する如き）、思想の伝統が与える偏見（独断論や懐疑論の如き）をまずすてねばならない。ベーコンは上の如き偏見を、「偶像《イドラ》」と名づけ、それぞれ「洞窟の偶像」「種族の偶像」「市場の偶像」「劇場の偶像」と呼んでいる。――では先入見をすてて自然に向うとき、いかなる手続きが、真理へ導くか。

それはアリストテレス以来の演繹法のように、一般的真理を独断的に前提して特殊な事実を説明するのでなく、事実を集めて比較し取捨して一般的法則を見出す方法、「帰納法」（inductio）である。まず研究すべき事象の「事例」（instantia）をできるだけ多く集める。そのとき、その事象の原因と推定される条件が具わっているにもかかわらず、当の事象が起こっていない、否定的事例（instantia negativa）をも集める。それを、当の事象が現実に起こる場合すなわち肯定的事例（instantia positiva）とともにならべる。さらに、事象とその推定原因との間に認められる量的関係を示す表をもつくる。「不在表」（tabula absentiae）「現在表」（tabula praesentiae）「程度表」（tabula graduum）がかくてつくられる。このような事例の表がつくられると、それら事例を相互につきあわせ比較することによって、偶然的事情は除かれ、事象の本質的原因がつきとめられるのである。

この原因ないし条件を、ベーコンは「形相」(forma)「源泉」(fons) とよび、事象そのものに具わる「法則」(lex) であるという。それは同時に、その事象を技術的に生起させる操作の形式でもある。かくて実用的な技術的な知識としての科学 (scientia activa) が得られるのである。——ここに近代科学の技術知としての意義はきわめて明瞭に示されている。ベーコンはそういう技術知に支えられた新たな社会を「新アトランティス」の島として描こうとした。——

しかしながら、ベーコンは、自然法則の理解において、当時の数学的自然学に多く考慮を払わなかった。コペルニクスの天文学はベーコンには無縁であった。ベーコンもスコラ自然学の目的原因の考えを斥けて作用原因をもっぱら求めたのであり、その作用原因をすべて、「運動」として理解したのであったが、その「運動」をガリレイやデカルトの如く数学的にとらえず、質的に異なる多くの運動の分類に終始した。そこでかれの技術も、煉金術のごとき魔術的操作をまだ多分に容れていたのである。この点において、ベーコンは新科学の自然観にいたらず、さきにのべた南イタリアのテレシオの自然哲学につながる。ベーコンはルネサンスの自然哲学と、新科学の力学的自然学との中間に位置する人であった。

デカルト

そこで十七世紀来の性格を十分に発揮したデカルト（René Descartes, 1596–1650）に向わねばならない。視野の中心はフランスに移される。この時期の思想の中心は、イギリス哲学（例えばホッブスの場合）に関しても、大陸に、特にフランスにある、ということができるのである。

ではこの時フランスの文化の状況はどうであったか。まずルネサンスの人文学者の反宗教的な自由思想があり、フランスでは前代のラブレやモンテーニュをうけた自然主義としてあらわれている。これに対して、既述の宗教復興の運動が、絶対王政の統一とともに力強くあらわれ、トマスの神学よりも、アウグスチヌスの立場の方に戻ろうとする傾向が著しい（ここに限らず、宗教改革者は、ルターもカルヴィンも、アウグスチヌスを学んだ）。かくてモンテーニュ風の自然主義の生き方と、アウグスチヌス神学に表現されるような敬虔とが、十七世紀前半のフランスにおいて対立して存した。ところでデカルト哲学その他の新哲学は、数学的自然科学の知見をもって、上の両極の間に、形成されるのである。デカルトの場合、その自然学は徹底的な機械論であり、しかもそれを支える形而上学は、アウグスチヌス主義の神学に親近なものである。しかし両者はどうして結びついたか。

デカルトの「方法」についての考察が、その理由を示すであろう。かれは若年から数学

デカルト

のもつような明証性こそ真の知識の標識であると考え、知識を獲得する方法をまず数学にもとめた。ギリシャの幾何学の「解析」の手続きと、近代の代数学の方法とは、いずれもまず未知のものを既知であるかの如くに前提して、両者の間にある関係（代数の場合は方程式）を定立し、諸項の分析によって、結局未知者を既知者に帰着させるものである。デカルトはこの「解析の方法」を論理的に明確にして、それまで方法上の統一を欠いていた数学諸部門を「普遍数学」（mathesis universalis）として統一し、同時に自然研究を数学的に行なって、数学的自然学の最初の体系化をこころみる。

ところで、このように数学的自然学を真の自然の表現とみとめることは、デカルト（そしてすでにガリレイ）の見地からすると、日常的生の感覚的認識を超越して、悟性の立場に進むことであった。色や味や臭などいう性質は、厳格にいえば、物それ自身のもつ性質ではなく、われわれの感覚器官に相対的な知覚の内容にすぎない。それ自身において客観的な物は、いわば無色無臭の物体と運動とにほかならない。そしてこのような物理的実在をとらえることは、身体と結びついた感覚のよくするところでなく、感覚を超えた「精神の直観」（mentis inspectio）である。つまり新自然学の認識は、身体から精神をひきはなし、感覚の立場を超え出ることを要求している。

ちょうどこのことが、精神を身体から独立に純粋にすることによって真の自己認識と神の認識とが可能であるとする、アウグスチヌス主義の神学・形而上学に、デカルトを導いてゆく。新自然学への途は、敬虔への途と合致するのである。——かくてデカルトは、自然学の解析の方法を、精神浄化の方法と一致するものとして、形而上学の方法でもあると考えた。有名な「懐疑の方法」ないし「方法的懐疑」がそれである。

われわれの精神は生まれて以来の経験により多くの先入見にみちている。就中感覚的経験が、精神を身体につないで、物の真理を見えなくしている。これを正さねばならない。そのためには既知の知識をまずすべてうたがって、うたがう余地ない明証的原理をもとめねばならない。——デカルトはまず感覚的知覚が誤り得るということを確認して、外部感覚のみならず、内部の有機感覚にも信をおかぬことを宣言する。有機感覚とても、夢みている場合の錯誤を思えば、信ずるに足らない。床中にありながら、別の場所にいると夢みることがあるからである。——しかしかくて感覚による判断をすべて斥けても、数学的真理、二と二と加えて四というような真理は、やはり真ではなかろうか。けれどもこの場合も、全能の神または霊が、いつもわれわれを欺いていると想定することがなお可能である。数学の命題も「絶対的な」確実性をもたない、相対的真理なのである。

かくてすべてを疑った後、残るものは何か。それは疑うわれでしかない。疑うはたらきは、感覚を超え、想像を超えた、「純粋な精神」のはたらき、ひろく「考える働き」である。そこで「疑う」を「考える」といいかえれば、考える限りにおいてわれはあるといわねばならない。「われ考う、ゆえに、われは存する。」(cogito, ergo sum.) 純粋な精神としての「われ」の存在こそ、第一の形而上学的真理である。

精神としての神の存在もまた同時に確認される。「疑う」ものとしてのわれは、「不完全」「有限」であり、有限なるものとして自らを意識しているが、このことが可能なるためには、わが内に「完全」「無限」の観念がすでに宿っているのでなければならない。しかもその観念は、その絶対性のゆえに、われ自身からも、外的経験からも、得られないものである。それはわれ自らが「作為した観念」でもなく、経験の与える「外来の観念」でもなく、「生得の観念」(idea innata) である。結局、それの起源として、「無限」かつ「完全」なる現実的存在者としての神を認めるよりほかはない。「われ考う、ゆえに神存す」である。

かくて神に支えられた純粋な精神としての自己が確立された後は、自然についても、精神が感覚を超えて純粋に数学的明証をもって認知するところは、すべて真理(真理とは存在に合致する観念にほかならない)とみとめられる。ルネサンスの生命論的自然学やスコラのそれは、いずれも感覚的衝動的自己の認識する限りの自然を示すにすぎず、誤りである。これに反して数学的自然学は、純粋な精神の認識であって客観性をもち、真なのである。

自然をデカルトは全く機械的に見た。そこにあるのはただ「物体」とその「運動」のみである。——まず「物体」は、もっぱら延長性即ち空間性をもって定義される。しかも古来の原子論者の考えるような空虚な空間はデカルトにとって存在しないものであった。空虚というのは、目ざす物体がそこにない、ということであって、何もない、ということではない。空の甕《から》にも空気は入っている。空気の代わりにエーテル（デカルトでは「微細物質」）といえば、それはあらゆる空間に満ちている（デカルトのみならず昨日までの物理学者もそう考えた）。つまり空虚はいつも相対的な空虚であって、絶対的空虚は、「無」というよりほかはなく、「無」はありえない、というのがデカルトの論である。物体（物質）は空間そのものであり、逆も真である。——次に「運動」もデカルトでは全く外延的に場所の変化とのみ考えられ、運動の原因としての「力」を考えることを彼は禁ずる。内包的な「力」の概念は、生命論的自然学に属するもの、身体と結ばれた精神によって定立されるものであって、身体を離れた精神の直観に拠るデカルトの自然学はそれを斥ける。——結局「力学」従ってそれを基礎とする「自然学」全体が、「幾何学」に帰せられる。デカルトの自然学は「世界幾何学」であった。

このような考え方をもとにしてかれは、ガリレイの知見を受容し、力学の原理を彼の流儀で体系化した。すべてのものの第一原因である「神」は、まず世界空間即ち物質をつくり、次にそれに一定量の運動を与えた。そこで世界は、与えられた運動量を常に維持する。

孤立した一物体を考えれば、それは外力が働かない限り、そのもっている運動量をもちつづけ、等速に直進する（「惰性律」）。多くの物体からなる系を考えれば、衝突によって運動量は授受されても系全体の運動量は変わらない（「衝突の法則」あるいは「運動量恒存の法則」）。

さてこのような考え方を徹底して自然全体に及ぼすデカルトは、最後に、人間にいたって、精神と身体（物体）との関係の問題に出会った。人間の身体も他の高等動物のそれと同じく一つの機械——心臓という熱機関によって動く機械組織——にほかならないが、しかし直接な生の体験の示すところ、われわれの精神は身体なる物体と、さらに内的に密接に合一しているとみとめざるをえない。「舟人が舟の中にあるように」精神は身体の内にあるのではない。しかもデカルトの哲学自身が心身分離の二元論の立場に立っており、舟人が舟を見るように、身体をも見ることを要求している。心身の問題は、デカルトにおいて、解き難い矛盾となるのである。

この問題は上にのべたデカルトの懐疑の方法すなわち精神を身体からひきはなす努力そのものにかかわる問題である。そしてデカルトは、これを形而上学的理論的に解決することには向わず、それを理論の問題でなく理論と実践との関係の問題、としてとらえたように見える。懐疑・理論の見地に立ってすべてを客観化することが、それ自身、「行動において明らかに見よう」とする実践的生の要求にもとづくのであり、理論の最後に出会われる心身の問題は、まさに理論が再び生に還って「確信をもってこの世の生を送ろう」とするところに現われるものであるから、その問題はもはやただの理論的考察の対象でなく、自由な主体が身体の生を支配する実践的可能性の吟味にほかならない。デカルトが最後に著わした『情念論』に示された自由な自己支配こそ、心身問題に対するかれの解答にほかならなかった。――このようなデカルトの態度はかれの立場からは正しいといわねばならない。しかしながら、逆にいえば、心身の合一を理論的形而上学的に不可解ならしめるものは、まさしく「デカルトの」形而上学なのであるから、新たな形而上学の立場をもとめるべきである、との考え方もやはり成り立ち得るであろう。スピノザやライプニッツの汎神論的哲学はその方向に考えられたのであった。その限り、上の問題はデカルトがあとにのこした問題であったのである。

ガッサンディ、ホッブス

さきほど十七世紀前半のフランスにおける精神的状況を考えた時、反宗教的な自然主義と新たな敬虔との両極の中間に、新科学を容れた哲学が成り立ったことをいい、デカルトが、新科学の方法上の要求を、敬虔への途に合致するとみとめたことをのべた。デカルトは、両極のうちで宗教性の方に近い位置にいる。ところで、反対に、自然主義的志向をもった哲学はなかったのであろうか。われわれはそれをガッサンディ（Pierre Gassendi,

1592-1655）とイギリスのホッブス（Thomas Hobbes, 1588-1679）とにみとめる。両者はいずれも唯物論的立場に立ってデカルトの二元論と対照をなしている。その考え方は、ガリレイの力学の基礎的知見をうけ入れて機械的自然観を採用し（ガッサンディの場合それはエピクロスの原子論の継承でもある）、しかもデカルトのように「力」の概念を排斥せず、却って、これをもととして、物理的力から生命力へうつり行き、さらにそれによって「意識」をも説明しようとする。そしてガッサンディは生命や意識の解釈において生命論的・目的論的自然観に復帰し、テレシオ、ベーコンの伝統に再び結合する。――ホッブスも大体同じ途を進んだ（かれが近代科学の自然観に接したのは四十歳になってからであり、その後フランス亡命の時期にはガッサンディと親交があった）。ただホッブスはガッサンディと異なり、政治の問題をその立場から根本的に論じたのであって、そのため、ガッサンディの影響力が小さかったのにひきかえて、ホッブスは独自な思想家として大きな意味を発揮することとなった。われわれはホッブスの思想をとりあげなければならない。

ガッサンディ

ホッブスはかれが若い時親しく接したベーコンの考えを受けて、「知識は力（power）である」と考える。しかしベーコンとは異なって、第一に、その「知識」は力学的自然観を全面的に容れている（もっともホッブスの数学者・物理学者としての独創は大きくなかった）。そして第二に、知識の目的は、技術的に自然を支配することに限られず、むしろ国家や社会の形成、人間社会における「平和」の実現に向けられる。すなわち、自然哲学の用は「重い物を動かし、建築し、航海する」などの技術にあるが、社会哲学（moral and civil philosophy）の用は、そのような「利を得ることよりもむしろ禍を避けることにあり」、その「禍」の最大のものは「戦争」、特に国内戦争であって、そこには殺人・孤独・窮乏がある。これを除いて「平和」な社会をつくることが、目的である。

ホッブス

この目的に向うために、ホッブスはまず、自然哲学を「物体論」として展開した後、「力」（ホッブスは「努力」conatus の語を用いる）の概念をもって、生命の自己保存力を、さらには意識作用を、説明する。例えば「感覚」は、外から感覚器官に加えられる運動に対して中枢から働く反対力が、「心像」を生み出し、この心像を外からの運動の原因なる対象に局所化することによって、生まれたものである。「欲望」と「嫌悪」もやはり「力」であり、ひとつの欲望が内的な努力として、直ちに行動化せず他の欲望と交替し、ためらいが起こるとき、そういう欲望の交替系列を「考慮」(deliberation)といい、その系列の最後の項、すなわち次に行動にうつる項を、「意志作用」という。だから「意志の自由」はない。けれども自由は全く無意味なことばではないのであって、「行動の自由」はあるのである。すなわち、行動が、外的障碍なく発動しうることが、「自由」にほかならない。

人間をかく自然主義的に理解した上でホッブスは、人間の作為のうちもっとも大きな作品であり人間にとって死活の重要性をもつものとしての、国家(社会)の考察にすすむ。――人間がまだ「自然状態」にある時には、すべての人がひとしい無制限な「行動の自由」(これが自然権である)をもち、同じものを多くの者が欲することを避けられないから、各人の間に競争・不信がある。それは「戦争状態」、「すべての人のすべての人に対する戦争」の状態である。かかる状態では、農耕も機械技術も芸術も存しえず、さらに悪いことには、暴力による死の危険と恐怖が絶えずつきまとい、生活は「孤独でみじめでいとわしい。」――しかるにかく「死の恐怖」によって欲望や情念の静まった瞬間に、「理性」が語る。「すべての人は平和を求めねばならない。」そして「他のすべての人がそうするという条件の下に、各人は自らの自然権を相互に他に譲るべきである」と知られる。そのためには「約束が守られねばならない」ことはいうまでもない。このような理性の声こそ「自然法」である。

そこでこの「自然法」を行動に実現するための保証として、外的強制力が契約によって設定される。それが主権であり国家権力である。——それは絶対的でなくてはならない。平和のための絶対的保証でなければならないからである。いかなる暴政も、内乱の無政府状態にまさるからである。ホッブスは「死の恐怖」ということから、絶対主義の肯定を引き出したのである。しかし絶対主義といっても必ずしも絶対王政ではない。主権が君主・貴族・人民のいずれにあってもホッブスの論理は成立する。現にかれは、清教徒革命のはじめ王党とみられていたゆえをもってフランスに亡命したが、後にクロムウェルの独裁下の本国に帰っているのである。ホッブスの理論そのものは王党的でない。純粋な徹底した自然主義の政治理論である。

Ⅳ　古典的理性の哲学（その二）

われわれは十七世紀前半の哲学をデカルトとガッサンディ、ホッブスとについて見た。しかし時代を指導する意義をもったのは、さしあたり前者であった。デカルトの二元論は、自然を徹底的に機械的に見、従ってそれに対する精神の位置を例なくはっきり人々に意識させ、時代の思想につよい衝撃を与えた。そこで十七世紀後半の哲学は、デカルトの残した問題を新たに考え直そうとの努力から生まれ、結果において、二元論を汎神論によって一元化することになる（そして、この汎神論的統一が次の世紀において宗教性を失って唯物論に近づくにいたったとき、さきにデカルトに対立して現われていたガッサンディとホッブスの考えが、ふたたびとりあげられ、展開されることになるのである）。

そのことはまずオランダとフランスとにおけるデカルト学徒の進みに現われる。――さきにのべたようにデカルトの残した問題の中で最もきわだった形を見せたものは、心身の関係に関するものであった。二元論の立場からは心身は分離したものと考えねばならないにもかかわらず、そう考えてはわれわれの直接の生の体験は不可解であり、これは「心身の合一」をこそ示している。この矛盾はいかに解かれるか。これをデカルトのようにもっぱら実践の問題と考えるのでなく、形而上学の理論的問題としてとりあげることを、デカルト学徒はこころみた。

機会原因論——ゲーリンクス、マルブランシュ

しかしそれは、結局有限な精神と物体との関係のみでは解釈できぬ謎である。有限な精神と物体との共通の根源であるところの神にその解決を求めねばならない。身体のうごきに即して精神の変容例えば感覚が生じ、逆に精神の動き例えば意志作用に応じて身体の運動が生ずることは、それぞれの場合に、神が、一方を「機会」(occasio)として他方をも変ずる、としてしか理解できない、と考えられた。かくていわゆる「機会原因論」(「偶因論」occasionalisme)が生まれる。

それはしかし単に心身の直接な働き合いだけを、神によって可能なものと認めるにとどまらなかった。一般に「機会原因」とは、「作用原因」(cause efficiente)(すなわち「力」)が働く際の、環境条件の如きものである。そしていまの場合、その能動的な作用原因はもっぱら神であり、有限者は、神の働く「機会」としての受動的条件にとどまることになる。機会原因論とは、神のみが働く力であり、有限者はすべて受動的で、神の力の特殊化の条

件にすぎない、という考えであった。そこで心身の関係に限らず、物体自身の働き合いについても、また精神自身の働きについても、上のことが主張される。まず物体界についていえば、その考えのきっかけはデカルト自身にある。かれは、神がまず空間即ち物体を創造し、ついでこれに運動を与えたと考えたが、そのことの中には、物体が単に静的な存在であって、それ自身の中に運動力をもたない、ということが含まれており、これは自然学を幾何学に帰しようとのデカルトの考えからは当然であった。ところでこの考えを一方に推し進めるとき、例えば物体の衝突における運動量の授受についても、「衝突」を「機会」として「神」が運動量（力）を一方から他方へ移行させる、と解しうる。すべての力は、物体そのものになくて神にあるのであるから、物体の一々の状況に即して神が働くと考えることができるわけである。

マルブランシュ

次に、有限な精神自身も全く受動的であるとせられ、神がわれわれの精神を受動的条件として働く、と考えられる。機会原因論者の代表とみとめられるオランダのゲーリンクス（Geulincx, 1624–1669）やフランスのマルブランシュ（Nicolas Malebranche, 1638–1715）において、神に対する精神の受動性の考えは明らかにあらわれる。かれらにおいて精神の最後の善は、「観想」であり、かれらの道徳は神に対する「謙抑」の徳を最高のものとする。認識についても、マルブランシュが立ち入って論じたように、「われわれはすべての物を神において見る」のである。すなわち、「悟性」はデカルトにおけると異なって、受動的知覚の能力であり、これに応じて、その知覚の対象である「観念」は積極的に、神においてある「イデヤ」と考えられ、悟性はその「注意」の働きを「機会」として神の精神と一つにされることによって、神におけるイデヤを見る。物体の認識は、実は、神においてその物体のイデヤを見ることとなのである。デカルトが懐疑の能動的意志的な働きを介して達せられるとした「精神の直観」は、マルブランシュにおいては神における観想となるのである。

スピノザ

かくて精神の能動性をふくむ二元論が、「機会原因論」において、精神の受動性を強調する一元論、つまりは汎神論に、うつってゆく。大体この方向に進み神秘的宗教性を最後のよりどころとしながら、デカルトの問題を解こうとしたのが、オランダのユダヤ人の思想家スピノザ（Baruch de Spinoza, 1632-1677）であった。

スピノザの思想は主著『エチカ』（倫理学）において、ユークリッド幾何学の様式で、まず定義・公理をならべ、これらによって諸定理を証明するという形で説かれている。そ

スピノザ

の内容を図式的にいえば、まず唯一無限な「実体」(substantia)としての「神」を立て、その神の本質として「延長」と「思惟」との二つの無限な「属性」(attributum)を考え、すべての個々の物体や精神を、それぞれ「延長」と「思惟」との、限定された有限な形、すなわち「様態」(modus)、であると考える。そしてこのような形而上学を前提して、精神と物体との両様の意味で「様態」であるところの人間が、妄想と情念とにうちかって、「神」との合一を自覚する途を、スピノザは明らかにしようとする。それが真の意味で自由になること、救われること、である。主著が『エチカ』と題せられた所以である。

われわれは上のような体系の形をまず心得た上で、それをいわばかみやぶって、デカルトやホッブスの問題が、そこでどのように処置されているかを、歴史的に明らかにしなければならない。――スピノザは、はやくからイタリア・ルネサンスの神秘的汎神論に親しんだ。フィレンツェのプラトン・アカデミーの「愛」の説、ブルーノの汎神論、がかれに流れ入っている。この世の生での最高の善は、「精神と全自然との合一の認識」であるところで「全自然」(tota Natura)とは「神」である。ブルーノと同じく、スピノザも、

「生む自然」（natura naturans）と「生まれた自然」（natura naturata）とを分かち、前者こそ「神」であると考える。神は、世界を超越する原因でなく、世界に内在する原因である。そしてそのような神によって生まれた世界のすべてのものは、神そのものの「表現」expressio であり、「変容」affectio であり、術語的にはさきにいった「様態」なのである。限りなく豊かな生命としての神、無限に多くの相をあらわす力としての神、その神の力を表現する「様態」としての有限物、それがスピノザの若い日の直観であった。

しかるにここに近代科学の機械的自然と、それに対する精神としての自己という、デカルトのきり開いた展望が加えられる。「生まれた自然」の多様な諸形姿は、二つに裂かれ、一つは「延長」によって定義される物体の世界、他は物体から独立な「精神」ないし「思惟」の世界となる。「生む自然」すなわち神は、少なくともわれわれ人間にとっては、無限な「延長」と無限な「思惟」という二つの相においてのみ、自らを示すことになる。スピノザはデカルトの考えを、自らの原始直観の中に、全面的にとり入れた。神を「実体」とし、その「属性」を「延長」と「思惟」の二つと見る考えが、かくて成り立つ（デカルト説の方からみれば、精神としての神〔人格神〕はすてられて、単に精神たるのみならず延長者でもあるところの神に代えられており、かつデカルトがやはり「実体」とみとめた精神と物体とは、「属性」または「様態」と化している）。

さてデカルトの二元論の見地をとったことは、延長と思惟とを相互独立の世界とみることを意味する。すなわち、物体を限定するものはやはり物体であり、この原因結果の系列は、物体ならざる精神とは独立に、無限にすすむ。観念（思惟）についても同じであって、観念は観念によって限定され、かくて無限にすすむ（ここに「観念」とは、いわゆる作用と区別された内在的観念的対象のみを指すのでなく、思惟の自発的作用をもこめていうのである。）――しかしながら、思惟も延長も、内在的なる神の、二つの属性であり、個々の観念・個個の物体もそういう神の「様態」なのであるから、両系列はやはりある意味で対応をもつと考えなければならない。そこでスピノザはいう、「観念の秩序と結合とは、物の秩序と結合と同じである。」そしてこれが有名な「心身平行論」の公式となるのであるが、なお少し考えねばならない。

いったいデカルトの二元論は、直接な身体的生をこえた理性的認識の段階ではじめて考えられることである。だから、スピノザが二元論的見方を容れて、観念と物との相互独立と平行とを考える場合、それは、理性の志向作用と、それに対する現実的対象との関係が、まず意味されている筈である。ところですでにわれわれがみたように、精神と身体との合一がデカルトにおいて問題化したのは、そのような理性的思惟そのものにおいてでなくて、それが感覚的生に関係づけられる時においてであった。そこで、スピノザは、そのデカルトの問題をどう処置したかを改めて問題とせねばならない。認識についていえば、理性的認識に対する感覚的認識の本質は何かということである。それが明らかにされて、はじめて、上の公式は、いわゆる「心身平行論」の公式ともみとめられうることになるのである。

スピノザは身体的感覚的認識をどう考えたか。かれは結局感覚を不完全な理性とし、従って感覚において積極的なるものはすべて広い意味の理性にふくまれると考えるのである。――物を感覚することは、われわれにとっては、身体を介してのみ可能であること、精神は直接には身体の状態を知り、ただ間接にのみ外物を知るのであること、をスピノザは認める。そこで感覚は、感覚器官（身体）と対象との両方を条件として成りたつ。ところで例えば「この花は赤い」という時、赤いという感覚的性質は、対象と眼との協同から生まれるのであるにもかかわらず、単に対象である花のみに帰せられている。感覚的認識の誤りはそこにある。それは感覚器官という一つの前提条件を無視して、しかもその結果を承認しているのである。この点で感覚は「前提を欠いた結論」である。感覚の誤りは、「欠如」からおこる、あるいは無秩序・混乱にもとづく。感覚の内容は、「混乱した観念」である。――それゆえ感覚をして物を完全に表現する認識たらしめるには、上の身体的条件を加えればよい。そしてそれを加えることは、逆にいって、外物のみならず感覚器官をも、理性によって対象化することである。スピノザは古典的理性論者としてそのことの可能を信じた。かくて、「観念の秩序と結合とが物のそれに同じである」ということは、対象と観念との間にのみならず精神と身体との精神物理的平行関係についても、いいうることとなる。すなわち感覚的観念の系列に平行する物の系列とは、「外物」と「身体」とを合わせた意味での「物」の系列なのであり、いわゆる心身の平行とは、それをもっぱら身体に即して見ているわけである。

スピノザはこのような感覚ないし想像の認識を、「第一種の認識」とし、理性の法則的認識を「第二種の認識」とよんだ。そして上述の如く前者は後者に帰することによって真理に達するのである。――それでは、この理性認識が最高のものなのか。そうでない。理性の認識も物を完全に知るものとはいえないのである。そこでは、物体は他の物体によって限定され、かくて無限に進むということに応じて、一物体の認識も、また他の物体の認識に依存し、無限に進んで終わるところがない。これは一言にしていえば、理性ははじめの一物体をどこまで進んでも完全には知りえない、ということを意味する。そして精神の認識についても同様なことがいえる。――しかるに個物の本質の十全な認識が、すなわち無限な神（自然）の表現ないし変容として端的に個物を知ることが、スピノザには必要であった。個物をわれわれの精神とするとき、精神の本質の完全な認識こそ、かれが最高の善として目指すところの「全自然と精神との合一の認識」にほかならないのだからである。そこでそういう意味の個物の本質の認識が、「第三種の認識」として「直観知」（scientia intuitiva）とよばれる。これは解脱知であり最高の知慧である。

そこで上の三つの認識のすすみを、実体・属性・様態の形而上学的規定に沿わせていえば、まず「様態」を孤立的に見る「感覚ないし想像」から、「様態」を「属性」の場において無限に追求する「理性」を経て、最後に、「様態」を「実体」(神)の変容として「直観」するにいたることである。――そしてこの進みを、認識についてのみならず、感情や意志についても実現することが、スピノザの倫理ないしは宗教にほかならない。

そのために二つのことが前提される。第一は、「観念」が感情や意志の根柢に必ず存し、逆に「観念」は感情や意志なくとも存すること、つまり、「観念」すなわち「認識」がその他の意識様態の根柢であって、認識を正すことによってすべてを正しうること、である。「精神の力はただ知性にある。」第二は、われわれの精神が自己保存の「努力」(conatus)をもとにしていることである。この第二の点でスピノザは、さきにのべたガッサンディやホッブス、特に後者の考え方をとり入れている(この点でスピノザがはじめもっぱら依拠したデカルトの自然学の幾何学的立場とガッサンディやホッブスの力学的立場とが、スピノザの自然学においていかに調和されるかは、かれの自然学の詳しい叙述がないために不明である)。

そこで自己保存の「努力」をもとにして、「欲望」・「快」・「不快」という三つの基本的感情が考えられる。「欲望」とは身体の自己保存力そのものである。そして自己保存の力を促進するもの(努力をより大なる「完全性」に導くもの)は「快」を、反対のものは「不快」を感じさせる。また「快」の原因に対する感情は「愛」、「不快」の原因に対する感情は「憎」である。――さて、これらの感情の基礎にある認識は、さしあたりは、感覚ないし想像である。そこで、さきの第一の前提により、認識を想像から理性へ高めることにより、これら感情を純化し積極化することができるのである。その純化は、感覚的生の欠除・否定をのぞいて肯定的にすること、感情の言葉でいえば「快」や「愛」の力が、「不快」や「憎」を消し行くことである。賢者は死を想わずして生を想い、悲しみを克服して喜びに生きる。──そしてこの理性的生の段階において、「社会」(国家)の意義が肯定される。「人間にとって人間ほど有用なものはなく」、そのために結成される「国家の目的はまさに自由にある」。スピノザはホッブスの国家論をとり入れながら、ホッブスの暗いペシミスムをすて、ホッブスが甘んじようとした「圧制下の平和」を斥ける。人間の自然的自己保存力に根ざす「自然権」は、スピノザでは、ホッブスの場合のように全体的に絶対的に国家に譲り渡されるのではない。スピノザは「自由主義者」であった。

しかしながら「社会的生」は最後のものではない。ここではまだ人は「永遠の相の下に」いない。人々の求める善は有限な物的な財である。争いはさけがたい。だからこそ国家に強制力がなくてはならず、刑罰がなくてはならなかった。──このような、第二種の理性認識に対応する社会的生の段階をさらに一段こえた生、すなわち直観知に対応する生、において、人間の究極の善がある。そこでは人は「永遠の相の下に」ある。人の求める善は、もはや有限な物財でない、精神的善である。同じ善を多くの人が求めても争いはもはや起こらない。充実した意味での「文化的生」である。スピノザは徹底した「文化主義者」であった。そしてその頂点には神との神秘的合一がある。それを感情の言葉で「愛」

というならば、「神への知的愛」である。——神秘主義者の論理がここでスピノザの文字にあらわれる。すなわち、われらが神を愛するときその愛は、永遠完全なる神そのものがわれらを通じて自己を愛することにほかならず、さらに、われら自身も神そのものの「変容」にほかならぬゆえに、神の自己愛は、神がわれらを愛することにほかならない。畢竟、われらの神への愛は、神のわれらへの愛にほかならないのである。

ライプニッツ

さてスピノザにつづいて最後に十七世紀の問題の最大の規模における調停者として現われるのはライプニッツ（G. W. Leibniz, 1646–1716）である。この世紀にドイツの生んだ数少ない天才の最大の者、その思想はしかしパリにおいて成熟したのであった。このライプニッツにおいて、一方新科学の理解のみならずそれの新たな発展への積極的寄与がなされるとともに、他方デカルト以来の科学的世界像と人間の価値意識との分裂が再び統一にもたらされようとする。すなわちライプニッツは、ルネサンス汎神論をのみならず、さらにさかのぼってスコラ哲学の精神をも、新自然学と調停し、ひとつの論理で結ぼうとする。

ライプニッツの哲学形成の動機は内容的には二つあった。一つは自然の問題であり、ガリレイ、デカルトの自然観にふくまれるところである。他は意志自由の問題であり、デカルトをもふくめてこの時代の神学・形而上学においては、神と人間との関係において問わ

ライプニッツ

れたものである。それをライプニッツは改めてもっとも包括的に問題にする。まず第一の点から見よう。

ライプニッツはデカルトの自然学における幾何学主義に反対した。デカルトのように考えれば自然の実在性は成り立たない。ただ非実在的な延長という現象があるのみである。それではガッサンディらの原子論を採って、実在を不可分な単位としての原子より成ると考えるべきか。しかし「原子」(atom＜a-tom＜不可分割者)が物質粒子として延長をもつと考えるかぎり、それはやはり不可分でなく真の原子でない。ガッサンディの如きは、原子は「幾何学的」になお分割可能でも、「物理的」には極大の抵抗力を示して現実的に不可分であると考えたが、不徹底である。そう考えるのならば、一歩すすんで、延長をもたない「力」そのものをこそ「原子」と考えるべきである。――このように考えてライプニッツは実在が「力」であるという。しかしガッサンディやホッブスの考えた「力」(conatus)の概念は十分に力学的に考えぬかれてはいない。ライプニッツは、デカルトの力学の立ち入った批判によって、力学そのものを一歩前進させつつ、そのことを果たした。かれの達した結論は、「力」はデカルトの如く「運動量」(mv 但しmは質量、vは速度)で表わされるものでなく「活力」(mv²)すなわち後の「運動エネルギー」にあたる量でなくてはならない、ということであった。「運動量」と「活力」のいずれを採るべきかという、この問題は、後の力学からは、力の測度としていずれを採るかの名目的な便宜的な問題と見なされるにいたったが、ライプニッツにとっては、「活力」を採ることは、実在をもっぱら外延的に考えるデカルトの立場に対して、それを内包的な原理に求めるという形而上学的意味をもっていたのである。

そこで力学が積極的に改善されるとともに、自然の真のすがたは「延長」になく、「力」にある、という形而上学的知見が確立する。そしてこの考えは、機械的な自然観を、生命論的目的論的自然観(ルネサンス汎神論のみならず伝統的スコラ哲学)と調和させる、と考えられた。スコラ哲学の「実体的形相」の考えはデカルトその他が斥けたように単純に斥け去るべきものではなく、かえって、内包的な「力」を示すものとして、新自然学そのものの形而上学的根拠となるのである。かくて、真にあるところのものすなわち「実体」は、「働く能力」をもつものであり、自発的な力の主体である。

さて第二の意志自由の問題が、上のような自然観に容易に接続されうることは、ホッブスやスピノザの行き方と考え合わせて、明らかであろう。ライプニッツは神の摂理と人間の自由との関係について、後者を否定するカルヴィンの予定説をとらず、さりとて摂理を否定して人間の自由を主張する自由思想にも賛成せず、われわれの叙述に例をとればさきにのべたクザーヌスの見解の近くに立つ。人間精神は内的自発的に働き、自由であるが、その自由を容れるものとして摂理はやはり存在するのである（ライプニッツの宗教はクザーヌスに似た普遍宗教であり、異なる宗派――旧教と新教、ルター派とカルヴィン派――の調停をライプニッツは実際に企てた）。

かくて物質から精神、その頂点としての神にいたる全存在が、自発的な力と自由とをもつ実在として統一的に見られる。ライプニッツはこのような実在すなわち上述の「力」の主体としての「実体」を、ブルーノのすでに用いた語で、「単子」（monade）とよぶ。そこからライプニッツの体系は後世「単子論」（monadologie）と呼ばれることになったのである。

しかしながら、ライプニッツのライプニッツたるゆえんは、上のような仕方で自然の「力」を精神の「自由」に結んだというにとどまらない。もう一つの点が注意されねばならない。それは、かれが上の統一を、一貫した論理によって果たした、ということである。「有限」と「無限」との論理的反省を徹底して、個体存在の論理において劃期的な洞察を示したことである。――かれはいう、「人間精神にとって二つの迷路がある、一は連続の合成であり、他は自由の本性である」（これは上述の自然と精神との二つの問題を指している）。そしてこの二つの問題についていろいろ思いめぐらすうちに「まったく予期せぬ方面から光が現われた、すなわち無限の本性に関する数学的考察から」という。ライプニッツが数学者として「微分法」の発見者であることは知られている。その根柢にある考えは、「無限量」についての計算を、「有限量」の取扱いと同様におこなうこと、つまり「無限」は「有限」に映され表現される、という考えである。この考えが、存在論の統一をも与えるのである。

真の実在としての実体、すなわち現実的存在としての個体（「単子」）は、自然を形成する単位としても、また歴史に働く個体としても、無限な全体を映す一なるものとして、はじめて存在しうる。現実にあるものは、すべて神の無限性を宿して（inpressum divinae infinitatis）はじめてある。有限なるものは、もしそれが有限個の要素に解消されるのならば、それは観念的存在であって、現実にある存在者――個体的実体ではない。現実にある存在者は、有限でありながら、有限個の要素に解消されず、無限を内に宿すことにおいて、はじめて現実にある、と考えられた。――このことは論理的に二種の「真理」の区別に関係する。まず「真理」とは、命題の述語規定が主語概念に含まれること、と定義される。ある命題が真であるとは、その述語が主語の本質要素となっている場合である。例えば「三角形の内角の和が二直角である」といえば、「三角形」という主語の本質に、「内角の和が二直角」という規定が、含まれていることである。そしてこの場合「真である」とは「主語と述語の間に矛盾がない」ことである。ところで、この真理の定義は上例のように主語が観念的存在である場合にとどまらず、主語が現実的存在である場合にも、あてはまらねばならない。例えば、「ケーザルがルビコン河を渡った」という歴史的個体についての真理においても、この命題が真であるかぎり、「ルビコンを渡る」という述語規定は、「ケーザル」という現実的個体の本質に含まれていると考えねばならない。けれども、「三角形」の場合と「ケーザル」の場合とでは区別がある。すなわち、「三角形」の場合とちがって「ケーザル」では、たとえかれがルビコン河を渡らなかったとしても、ただちに矛盾とはいえない。われわれはケーザルがルビコンを渡らねばならなかったことを、三角形の場合のように有限個の手続きによって論証することができない。この真理は「必然的」でない。反対もまた可能であった、という意味において「偶然的」な真理である。しかも反対が起こらず正にルビコンの渡河が起こった、すなわち上の命題が「偶然的」でありながらもやはり「真理」である、というからには、それの理由を求めて、因果の系列を辿り得なければならないが、その系列は「無限系列」なのである。ケーザルという主語概念の本質を、神の眼でみるならば、そこには、先立つ世界過程と後続するそれとが、すべて関係しており、ケーザルの本質は、有限でありつつ、無限を映すものといわねばならない。それは、現実的であるかぎり、有限にして無限を宿している。現実存在が限定される場は無限の場である。逆に、無限と関係して成り立つ有限にしてはじめて、「現実にある」ものなのである。

ライプニッツは上の事態を考慮して真理の基準を二つに分かち、数学や論理学における如き「理性の真理」の原理は「矛盾律」にあり、現実存在の規定としての「事実の真理」の基準は「理由律」にある、という。——形式的には、「矛盾律」（「同一律」といってもよい）とは、「主語の中に述語規定をふくむ命題が真理である」ということであり、「理由律」とは、その逆命題、「あらゆる真理は、その主語において述語をふくむ」（普通に「すべての真理は理由をもつ」というのはこのことを意味する）ということであるが、この理由律の重点は、主語が現実存在であって、無限の理由系列を介してのみ特定の述語と結びつきうる場合にあり、それは、現実者は有限にして無限を含まねばならない、ということを意味する。理由律は、だから、すべての個体的存在が無限をうつしてのみ個体である、というにひとしい。そこで理由律は「事実の真理」の基準であり、ライプニッツの考える存在論の原理なのである。

かくして、自然と精神とを個体存在（単子）によって統一し、その統一の論理を「理由律」すなわち「有限者は無限者を映してはじめて現実的である」ということに求めることにより、ライプニッツの形而上学はきずかれる。ではその出来上った形はどのようであったか。

世界は無数の単子の調和的体系と考えられる。単子は「自然の真実な原子」であり、真の意味の「要素」である。それは部分をもたぬ単純者であって、徐々に生じ滅することはない。神によって突然に生まれ滅せられることはありうるが、それ自身においては不生不滅であり、外から作用をうけない（単子は「窓をもたぬ」）。しかし内的変化、自発的な力の内的な働きはもつ。すなわち単子は内に多様をふくみ、この多様の統一を「知覚」（perception）といい、一つの多様の統一の状態から他への推移を「欲求」（appétition）という。そして物質・生命・精神と進むにしたがって「知覚」の判明さが増大する。逆にいえば物質は眠れる精神である。ライプニッツは単子の三つの段階を分けた。第一、無生物や植物を構成する「ただの単子」（monades toutes nues）、第二、動物における「精神」（âme）すなわち、記憶をもつ単子、第三、人間における「理性的精神」（esprit）。ここで「反省」が現われ、事実の真理のみならず理性の真理が認識される。欲求は自由意志となる。——そしてこれらは、世界に属する「被造物としての単子」であるが、最後に世界をこえる「根源的単子」としての神が存する。

被造単子の調和的体系が「世界」である。単子は実在的に作用し合うのでなく、観念的に対応し、いわゆる能動受動は、そういう対応関係において考えられ、その際、より判明な知覚をもつ方が能動者、反対の方が受動者なのである。——そして「自然的世界」（monde physique）において、時間・空間・運動は、単子の相互対応の秩序として観念的なものである。「時間」は「継起するものの秩序」、「空間」は「同時的なるものの秩序」、「運動」も単子間の函数的対応であって、一単子から他へ実在的な力が移行することではない。けっきょく自然の法則的連関は、単子が相互に、従って世界全体を、自己の中に映す仕方にほかならない。単子は「世界の生きた鏡」の如きものである。――次に「精神的世界」（monde moral）は、自覚的精神としての単子の体系であり、自覚的精神は事実真理をこえて理性真理に及びうることに相応して、ここでは単子はたんに「世界」を映すのみならず、「神」をも映す。逆にいえば、神は、自然的世界に対しては技師の如く臨むが、精神的世界に対しては、子に対する父または人民に対する君主の如き関係をもつ。精神的世界において単子は「神との協同に入る。」

そこで「世界」と「神」との関係を一般的に考えてみよう。神の「悟性」において、「理性の真理」の体系があり、そこに「世界」の「可能性」がもとづいている。ところでこの可能が現実化するに当っては、存在者のさまざまな組合わせが考えられる。それぞれの組における諸存在者は「共可能性」（compossibilité）の関係に立つ。これら共可能性の諸体系が、それぞれ一つの「可能な世界」である。ところで、多くの可能世界の中、実在性（完全性）をもっとも多く含むものが、「現存への要求権」をもっとも多くもち、それが現実の世界となる。このことを神の側からいえば、神の「意志」はもっとも完全な世界を選んでそれを創った、ということである。そしてこのとき神によって与えられた「世界秩序」が、「摂理」すなわち神の「予定調和」（harmonie préétablie）なのである。

かくて道徳界のみならず自然的世界にも、目的論的な価値づけが与えられる。およそ「現存する」ということは「善くある」ことである。世界は最善の姿で創られている。逆に悪は極小にとどめられている。自然的悪（mal physique）すなわち苦痛や禍も、道徳的悪（mal moral）も、結局は消極的な非存在性にほかならず、世界が世界としてある限り避けられない「形而上学的悪」（mal métaphysique）に帰する。そして個々の悪はむしろ世界全体の善に寄与する。なぜなら、個々の悪は世界の存在そのものの不可避の結果であり、しかも世界が存在することはそれ自体において善なのだからである。ライプニッツはかくして、デカルトが鋭く分けた、没価値的実在としての自然と、価値の主体としての精神との、二元を、機械的自然の根柢に目的論的自然を考えることによって、ふたたび統一し、かつ世界の最善観（optimisme）を説いて、世界の悪に対する神の正義を弁護したのであった（『神義論』）。

V 啓蒙の哲学――イギリス

十七世紀哲学における「理性」は、すでにのべたように、絶対性をもち、宗教的背光を帯びていた。デカルトその他における「生得観念」としての理性概念の考え方にそれは現われており、政治や経済における絶対主義・保守主義に対応していた。しかるに十八世紀に入ると事態は変化する。政治的経済的には「自由主義」が志向される。思想の面でも、宗教性・絶対性をもたない理性の立場、科学的理性の立場、さらに経験主義、が中心的位置に立つことになる。もし反宗教的な合理性と自由主義とが近世の本質であると考えるなら、近世は十八世紀にはじまるといわねばならぬであろう。

十七世紀の思想の中心であったフランスでも、世紀の末になると、デカルト主義がベール（Pierre Bayle, 1647–1706）やフォントネル（Fontenelle, 1657–1757）のような自由思想家において反宗教的な理性主義に化してゆく。これはまたガッサンディのような自然主義の進出することでもあった。この時代の三大劇作者を例にとれば、コルネーユはデカルト的理性の自己支配を描き、ラシーヌはジャンセニスムの宗教を背景に人間の情念を描いたが、最後のモリエールの喜劇は明らかにガッサンディの自然主義に依っているのである。

しかしながら、十八世紀の主導思想がまず力づよく現われたのはイギリスにおいてであった。イギリスは、各国にさきがけてすでに十七世紀後半に、「名誉革命」によって市民の政治的地位を確立し、同時に経済的にもオランダを圧倒して、商業資本主義から産業資本主義の形成に進んだ。そして思想においてもイギリスは、このころから自律的発展の相を示し、前代とは逆に、大陸諸国の思想を指導する位置にたつこととなる。それはロック(John Locke, 1632-1704)からヒューム(David Hume, 1711-1776)までの展開について、明らかにみとめられるのである。

ロック

ロックは年代からいえば十七世紀後半の人であって、ライプニッツの同時代人であるが、「名誉革命」に参画した自由主義の理論家として、十八世紀思想の先達であった。われわれはまずかれの思想を調べねばならない。——ロックの哲学的業績は二つある。一つは認識論的研究であり、一つは道徳や宗教、特に政治についての考察である。かれは古来の三分法にしたがって哲学を広義の「論理学」(ロックの命名では「記号論」)「自然学」「倫理学」(ロックでは「実践学」)に分かったが、第二の「自然学」においては、ボイル(Robert

Boyle, 1627-1691）やニュートンなどの研究に加えるところはないと考え、みずからは、第一の論理学と第三の実践哲学にたずさわったのである。

さて認識の研究において、知識の「起源」と「基準」（従って範囲・限界）とについての、綿密な考察が示される。感覚的経験を主とした知識論が展開される。第一に知識の「起源」について見よう。まず、デカルトその他の理性論において経験とは独立に精神に宿ると考えられる先天的原理「生得的原理」（innate principles）の存在が否定される。矛盾律の如きものでも、後天的経験に即して悟られるのである。すべての原理、すべての観念は、経験的起源のものなのである。その経験のもとは、内外の知覚経験にある。外的「感覚」（sensation）と、内的「反省」（reflection）——たとえば思考作用や意志作用を内的に知覚すること——である。そして精神の内容をすべて「観念」とよび、「感覚」や「反省」に直接に与えられる観念を、「単純観念」という。単純観念に精神の操作が加わって生ずる観念は「複合観念」である。そこで、知識の起源をもとめることは、複合観念を分析して単純観念にいたることにほかならない。

ロック

ロックは空間・時間・数・無限・実体・因果など認識の基礎概念となっている複合観念を分

析して感覚と反省との内容に帰着させる。「空間」や「時間」は、単純な知覚にふくまれる小単位の延長や持続のくりかえしによって生じ、「数」もほぼ同様であり（ロックは自然数のみを考えて、分数や無理数は考えない）、従って量的「無限」の観念は、たんに「終わりがない」という意味の消極的な「可能的無限」の観念であって、積極的全体としての「現実的無限」の観念ではない。「実体」は、多くの感覚的性質が共に与えられるとき、それらのいわば「支持者」として想定される観念にすぎず、「因果」の関係も感覚における単純観念の継起に、「反省」における「力」の単純観念が加えられたものである。

かくてロックは原理上経験論・実証論へとすすむのであるが、しかしそれは徹底されなかった。すなわちボイルやニュートンの自然学をうけいれて、単純観念の中に、物理的実在をそのまま示すところのもの（延長・固体性・運動などという物体の「第一性質」を表わすもの）と、そうでなくて物体が感覚器官に及ぼす作用力の結果として主観内に生ずる色や味や臭などの観念（物の「第二性質」を示すもの）とを分けた。ガリレイ、デカルト以来の物理的実在論をやはり承認したのである。これは経験論にデカルトの意味の理性論を混ずることである。ロックはまだ徹底的な経験論者・実証論者ではなかったのである。

そのことは第二の問題、認識の基準と限界の研究についてもみとめられる。ここではむしろデカルトの知識論が採られている。ロックは「知識」を定義して、「観念の間の一致不一致の知覚」という。それが直接に得られるときは「直観」であり、間接に達せられるときは「論証」である。ゆえに真の知識の基準は、「直観」と「論証」であり、これを満足させる知識は、論理学や数学の諸命題、及び道徳法則、にみられるのみである。これに反し物理的知識の如きは、その前提する「実体」としての「物質」の、それ自身における構造が、直接に知覚できないゆえに（ロックはニュートンやボイルと同じく一種の原子論を考えている）、論証的知識にいたらない。「蓋然性」にとどまり、真の知識とはいえないものなのである。

ところで直ぐ疑問が起こるであろう。このように知識を観念間の関係の知覚に限るとき、一般にものの「存在」（existence）は、知識の対象となりうるであろうか、と。この点にいたってロックは、上の知識の定義を事実上破って、知識が、「観念と観念」との関係のみならず「観念と物」の関係にも及ぶことをみとめざるをえなかった。そして「我の存在」はデカルト風な「直観」によって知られ、「神の存在」は「論証」によって知られるが、「外界の存在」にいたっては、感覚そのものが、「存在」の知識を与えるという。しかもこのとき、存在するのは、感覚されるままの姿における物ではなく、さきにのべた物理的実在論に従って、第一性質の主体としての物体のみが客観的に存在するといわねばならなかった。――すべてこれらの点でロックは不徹底を残したが、しかしかれの一々の問題についての綿密な分析は、認識の研究における劃期的な業績であり、後続の思想家に、採るべき道をはっきり示したのであった。

さて道徳哲学においてもロックの思想は一義的でなく、その結果「穏健」であり、ヴォルテールの言葉でいえば「賢明なロック」の面目を表わすのである。――まず狭義の道徳論において、快楽論と理性論とが共存する。「善」は「快」であり、道徳的善行は社会の多くの人に快を与えるものである。しかしいっそう的確にいえば「道徳的善」とは、「神がその善しとする行為に報いとして与える快」である（いわゆる「神学的快楽論」）。そしてそういう神の意志の表現が、道徳法則にほかならない。――けれどもそれでは道徳法は神の自由意志によって設定されたというだけのもの、極言すれば啓示を俟ってのみ知られるもの、なのか。ロックはそうも考えない。道徳法則は内的に理性的であり、道徳学は数学と並んで論証的知識となり得る、という。

キリスト教の教義に対するロックの態度も同様である。原罪や贖罪の教義をしりぞけ、旧約の律法も新約の道徳も、理性的自然法を表現すると考え、「キリスト教は理性的である」というが、しかしそれは、「理性に矛盾せぬ」という意味であって、キリスト教が、理性を超えた要素を含まないという意味ではない。ロックは「信仰によって義とせられること」において、人間の道徳律実現の欠を、神の愛が補うと考えた。

ロックの政治論は有名である。それは一六八八年の「名誉革命」の理論づけであり、「偉大なる復興者なる現在の王ウィリアムの王位を確立する」ために書かれた。――国王を家長と同視し、アダムが神から与えられた権力の継承者となす議論を斥けて、国家を自由な契約によって生み出されたものとロックは考える。――「自然状態」において人間は自由で平等であり、自然法に従って生きる。そこにすでに道徳的社会的関係が成立している。けれども人間は常に理性に従うわけでなく、情念に動かされ、他に不正を加えうるから、それを防ぐ国家権力が契約により設定される必要があったのである。人間は、みずからの労働により自然物を正当に私有物となすが、この正直な勤労の所産である財産、ならびに生命を、他によって暴力的に奪われることのないように、国家権力をつくったのである。そして国家の起源がかかるものとすれば、国家権力の限界もまたそこに示されているといってよい。それは人民の自然権の全体を左右できない。絶対主義は暴政にほかならず、それに対しては人民には反抗の権利がある。ロックは諸政体のうち、議会主義にもとづく「制限君主政」を最善のものとしたのであった。

なお信教の自由（「寛容」）の要求も上の政治論から理由づけられる。国家は生命と財産との保護の任を負わされてはいるが、各人の「魂の配慮」を委ねられているわけではない。国家権力は信仰を強制することはできない。そして教会は国家とことなり強制権をもたぬ社会であるから、もちろん教会の側からも信仰の強制や迫害はあってはならないのである。

さてロックは上のように穏健な自由思想家としてとどまったが、かれの後に、さらに理性ないし自然を強調して、宗教に反対する多くの思想家がつづいた。かれらは通常、「モラリスト」および「理神論者」（Deist）と呼ばれる。モラリストには、汎神論を背後に

「道徳感覚」の説を説いた美的思想家シャフツベリ（Anthony Ashley Cooper Shaftesbury, 1671-1713）やその説を受けてそれを功利論と結びつけたハチスン（Francis Hutcheson, 1694-1746）、さらにこれら二人の性善説に対して、ホッブス風の性悪説を代表して、「私人の悪行が公益に資する」という逆説を説いたマンデヴィル（Bernard Mandeville, 1670頃-1733）がある。理神論者では、キリスト教が理性的であるのみならず、理性を超えた神秘を少しも含まない、と説いたトランド（John Toland, 1670-1722）、さらに自然主義的なコリンズ（Anthony Collins, 1676-1729）などを挙げることができる。

バークリ

これら自由思想家に反対して倫理と宗教を守ろうとした体系的哲学者はバークリ（George Berkeley, 1685-1753）である。しかもバークリはたんに護教的思想家たるにとどまらず、ロックの認識論をさらに徹底した人であった。われわれはこの点を主として、バークリの思想を辿ろう。——バークリは第一にロックの示した名目論的傾向を徹底する。ロックは「生得観念」を否定したが、なお一般概念が、個体の観念を超えてこれとは独立に成りたつと考えた。かれは一般者を名辞に帰するにはいたらず、一般的名辞の対象は直接には個物でなくてやはり一般概念であると考えた。しかるにバークリは一般概念の存在を否定する。有るものは個別的観念のみ。一般者は名辞にすぎない。詳しくいえば、ある個別的観念が、同様な他の個別観念を代表し表現するとき、前者は一般的といわれるのであり、そのほかに一般観念なるものがあるのではない。そして代表ないし表現するものは「記号」であるから、一般者は記号にすぎない。等辺でも不等辺でもない三角形一般なるものは存在せず、ただどれかの三角形が、他の三角形をも代表すると考えられる限りにおいて、それは三角形一般として働くのである。

さて上のことと関連して第二に、バークリは物理的実在論を否定する。物理的実在として延長や形などの第一性質の主体が考えられたが、延長即ち空間の観念も実はやはり感覚的経験が徐々に作り上げる二次的産物である（視空間知覚の心理学的研究はそれを証明する）。かくて第一性質の観念も実は第二性質の感覚的観念と質的に異なるものでない。だからボイルやニュートンの考えるような客観的な物質というものは実は存在しないのである。

バークリ

かくてすべて「ある」ものは「知覚されてある」。直接の知覚をはなれて抽象的一般者があると考えたり、客観的物質があると考えるのは誤りである。存在するものは知覚の対象即ち「観念」のみである。バークリの「観念論」がかくて成り立つ。——もっともかくいってもすべてが幻想だというのでなく、却って、素朴に実在をみとめるのである。花は赤いと知覚されるままに赤くある、というのが、バークリの立場であり、その観念論は素朴実在論なのである。

かくて名目論・観念論により、バークリは、数学を記号の体系とのみ認め、当時の数学においてまだ十分反省されずに用いられていた無限小の算法を批評し攻撃し、またデカルトやニュートンの新物理学を虚構として斥けた。しかしそれでは真理はどこにあるか。実在はどこにあるか。バークリは「精神」にありという。対象として存在するものはすべて知覚されるものすなわち観念であるが、「知覚する働き」および「意志する働き」は「我」の存在を証する。かかる「我」は能動的な精神的実在である。力をもって働く実在は精神のみなのである。――しかしわれわれが外物の存在を信じているのはなにゆえか。バークリは答える、力をもつものは精神のみであるゆえに、そのような外的知覚の強制力もまたわれわれを超えた精神の――結局は神の、われわれの精神に対する働きかけである、と。「自然法則」は「神がその意図をわれらに開示し、生の便宜と幸福のためにはいかに行為すべきかを指図するところの、神の言葉」である（自然法則は、実際的予見を指導する記号の体系であり、例えば原因結果の関係も、観念間の記号的関係に帰せられる）。――かくて、実在するものは神と有限精神との協同世界のみ。しかもこのとき機会原因論者のように有限精神を全く受動的であると考えてはならぬ。われわれも自由であり、「われわれの脚を動かすのは、われら自身である。」バークリの後期の形而上学はこのような精神的世界を、新プラトン主義に近いかたちで展開することであった。

ヒューム

さてロックからバークリを経て展開された認識論の問題は、ヒュームにいたって、自然主義的人間観の基礎の上に、最後的な帰結に到達し、この時期のイギリス哲学の自律的発展はここにひとまず完結するのである。

ヒュームは哲学のあらゆる原理が、「人間性」(human nature) についての研究によって与えられると考える。数学や自然学のみならず芸術・道徳・宗教のすべての原理は「人間の学」(science of man) の明らかにするところである。人間学がすべての学問の基礎学であって、これを体系的に研究することがヒュームの目標である。その方法は経験であり観察である。主著『人性論』の副題には「精神的問題に、実験的推理方法を導入する試み」とある。もっとも「実験的」といっても自然哲学でのように物の条件を人為的に変じて観察することは、精神哲学ではできないから、ここでは人間のさまざまな状況についての「観察」が主となる。けれどもそれは無統一でないとヒューム

ヒューム

は考える。かれは、いたるところまたあらゆる時代において人間性は同一であると考えるのだからである。——そこでこのような「人間の学」の原理をとり出して見なければならない。

それはすべてを直接的な生の体験に還元するということである。ヒュームはあらゆる意識内容を、直接な「印象」(impression)と間接的に形成された「観念」(idea)とに分かつ。「観念」には、「印象」にもっとも近い「記憶」の観念からはじまって、「想像」「理性」の観念がつづく。——ところでまず「印象」と「観念」との間には、「原型」と「模像」の関係があり、また、「原因」と「結果」の関係がある。そして「原型」であり「原因」であるところの「印象」は、すべての根柢であり、すべての「観念」の真理は「印象」にもとづけられ、「印象」そのものは自己自身を証するところの原始事実なのである。——次に、「印象」によって基礎づけられる記憶や想像の「観念」相互の間には、「連合」の法則が支配する。すなわち類似・時空的接近・因果の関係が、諸々の観念間の、いわば引力法則の如きものと考えられる。

さてこのような意識分析は、のちに「連想心理学」とよばれたものと同一であり、ヒュームの「人間学」はそういう立場の「心理学」にほかならないといってよい。しかしヒュームがそれをどこまでも哲学的根本学として考えていることは忘れてはならない(たとえば現在の「現象学」がすべてを根源的意識流に還元して見ようとするとき、それはヒュームの目指したところと似ているのである）。そこでいま、やや自由に、人間的生に三つの段階、「体験」（ヒュームの言葉では「印象」）・「記憶と想像」・「理性」を分かって考えるならば、ヒュームの哲学は、「理性」の自証性を否定し、記憶や想像の真理性を、「体験」にもとづける努力であるといってよいであろう。

認識論については、それは、数・空間・時間・因果性・実体性の諸観念を「印象」に還元する課題となるはずである。――しかし「数」についてはヒュームはそれをむしろライプニッツ風に観念自体の関係において成立する真理とみた。また空間や時間については、だいたいロックのやり方で、直接な印象のとらえる空間単位（「点」）と時間単位（「瞬間」）とのくりかえしによって構成されたものと考える。一般に数学と数学的自然学についてのヒュームの知見は素朴であって、バークリの鋭利さに及ばなかった。ヒュームの分析が全面的に見事に遂行されたのは、「因果性」と「実体性」とについてであった。

「因果性」の分析を見よう。「印象」・「記憶」・「想像」・「理性」の系列を念頭におこう。まず「理性」が斥けられる。すなわち因果関係は、論理的に「理性」によっては証明できない。ある存在が他者を、すなわち原因または結果を、もたねばならない、ということは、同一律では証明できないことである。――ところで一般に因果関係において想定されていることは、原因と結果との間に実在的な「力」が働き、原因は原因力により結果を生み出す、ということである。これを「必然的結合」（necessary connexion）と名づけよう。問題は、かかる「必然的結合」が事実的に経験される事態において見出されるか否かである。ところが経験においてわれわれは次の二つのことを認めるにすぎない。まず「印象」に与えられる限りにおいて原因と結果とは時間的空間的接近においてあること。次に、接近せる両項が、すでに過去において幾度も相伴って経験されていること、つまり「記憶」においで連合されていることである。——そこで上にのべた必然的結合即ち原因力そのものは、事実的に与えられていないといわねばならない。しかもそれをわれわれはごく自然に想定している。では、接近の「印象」と「記憶」とに、何が加われば、その必然的関係の想定に達するのか。いうまでもなく「想像」である。すなわち、過去に幾度も経験された同様な関係が、常に、従って未来においても、経験されるであろう、という「想像」である。ここに「過去」から「未来」への飛躍、あるいは「度々」から「常に」への飛躍がある。

この「想像」の飛躍の根拠はどこにあるか。それが理性にあることを否定するヒュームは、結局また「印象」にもどらねばならない。すなわち、同様な印象のくりかえしによって生ずる「習慣」(これは二次的な「印象」である)により、過去から未来への飛躍がなされ、記憶が想像の信念にうつるのであるという。「習慣」が原動力となって想像の中に生まれる「期待」こそ、因果の「必然的結合」の、人間性における根拠なのである。

因果性につづいて「外的対象」の存在の信念がやはり想像力によって基礎づけられる。

バークリのように「感覚」における強制を理由にすることは、不当である。なぜなら、例えば快不快の感情はわれわれの意志に力づよく迫るが、それに外的対象が対応するとは誰もいわない、からである。理由はやはり「想像」に求めねばならない。そしてその「想像」は上の因果性の信念を拡大して、外的存在の観念に達するのである。まず因果の連鎖における規則性が、直接に知覚される事物を超えてその彼方に多くの事物を想像させるが、それにさらに類似の関係が加わる。すなわち各対象が異なる時点において類似の印象を与えることからして、同一の物が時において持続することが想定される。かくて時間における規則性が、因果（変化）のみならず持続（恒存）にまで拡げられ、規則性は、全自然に及ぶものとなる。——かくて「われわれの知覚から独立な対象」の観念が生まれるのである。

最後に伝統的に精神の「実体性」とよばれる事態、すなわち「人格の同一性」についてはどうか。デカルトやロックのいうような統一的自己は直接には見出されず、「速やかに継起するさまざまな知覚の束あるいは集合」がまずみとめられる。しかし意識の統一は、単に「接近」による束の統一ではなく、なお「類似」と「因果」の関係をも含んでおり、その「因果」は、無機の物体間に見られるようなものでなく、有機的相互的であり、しかもまた意識の諸部分は有機体におけるよりもはるかに自由に働き合う。それは有機体によりもむしろ社会に似ている。けっきょく「自己」とは因果的に統一された諸知覚の体系であり、その体系は、人間「社会」に比すべき組織なのである。

理論的認識に対する上のようなヒュームの見解から、かれの道徳や政治や宗教に対する見解もほぼ察せられるであろう。「道徳」においても理性を斥けて、もっぱら本能的感情によって考え、一般的「人類性」にまでひろげられた「同情」をもって道徳の基礎とする。「政治」では、従来の「契約説」の理性論をすてて、社会生活の本能的起源を考え、いわゆる「契約」は、後の高次の発展の結果として成りたつものと解する。「宗教」でも、自然宗教・理性宗教の立場を最高とみとめつつ、その原始形態は、未来への本能的な恐怖・不安から生ずる「多神教」であり、それが政治的社会の構成と平行して、神々の中にも支配と服従の関係を生み、「一神教」に至る、と考える。しかし一神教（特にキリスト教）の非寛容にかんがみ、真の哲学的宗教は、およそ宗教のもつ道徳への拘束力をまったく否定し去った自然宗教、すなわち自然の秩序の原因としてのみ神を想定する立場、でなくてはならない。しかも世界全体を結果とする原因（神）があるとの主張は、ヒュームの因果関係の見解からいえばはなはだ疑うべきであるゆえに、かれはけっきょく「懐疑的哲学のみが真の宗教である」という逆説に到達する。それは消極的な無神論にほかならないのである。

Ⅵ 啓蒙の哲学――フランス・ドイツ

すでにのべたようにフランスでも十七世紀末にはフォントネルやベールのような自由思想家が力を得るようになり、殊にベールは、啓蒙主義の宗教批判の祖というべきであって、同時代にはライプニッツをしてベールへの反駁として『神義論』（Théodicée）を書かせ、積極的にはヒュームの宗教論に導きを与えた。――けれども十八世紀前半に入ると、フランス哲学はイギリスから大きな刺戟をうける。デカルトに代わって、ニュートンとロックとが導きの星とされる。

ヴォルテール、モンテスキュー

この時いずれもイギリスに渡ってその社会と文化に感嘆せずにいられなかった二人の思想家がある。すなわちモンテスキュー（Montesquieu, 1689-1755）とヴォルテール（Voltaire, 1694-1778）。――モンテスキューは自然法と実定法の関係に立ち入り、諸国の法や

ヴォルテール

モンテスキュー

政治を比較してそれぞれの特殊な形態を成立させる条件を、社会学的に考察した。従ってかれにおいては、自然法は、実定法に対する規範という意味を次第に失って、功利的のものとなり、社会学的法則に近いものとなっている。かかる考察を支えているのはもちろん自然主義であり、自由主義である。——ヴォルテールはニュートンの自然学の静的な秩序に則ってすべてを考え、自然も歴史も恒常な理性的秩序に支配されていると考える。そして理神論的立場からの宗教批判を力づよくおこない、晩年には宗教裁判の犠牲者の弁護と救助に尽力した。

しかしながら、この二人は、まだ広い意味での古典主義者であって、それぞれの意味で保守的であった。モンテスキューの自由主義は、フランス王権の絶対性を、貴族やパルルマンの中間権力の復活によって、制限しようとする考えであり、その意味で伝統主義的である。ヴォルテールにおいても、一種の貴族主義がつよく存し、例えば宗教の問題においても、開化された文化人は理神論、無神論を採ってもかまわないが、愚かな民衆には教会の信仰が、社会秩序維持のために必要である、というような考え方をする。

コンディヤック、ダランベール

このような十八世紀前半の思想は、次の世代にうつると、もっと動的な、改革の意志を盛った思想や態度に変じてゆく。自然と社会とを静的秩序においてでなく動的発展において見る態度にうつってゆくのである。コンディヤックやダランベールの実証論、ディドロやドルバックの唯物論、エルヴェシウスの功利論、すべてそういう態度の表現であった。

まずコンディヤック（Condillac, 1715-1780）においてロックの認識論が、感覚論・名目論の方向に徹底せられる。コンディヤックの考えは、第一に注意や記憶や想像などの内容ならびに作用は、すべて「変形された感覚」にほかならないということであり、第二にそのような感覚の変形において記号化ということがおこなわれている、ということである。——第一の点についてはコンディヤックは、有名な立像の比

コンディヤック

ダランベール

喩を用いて論じた。まだ感覚を与えられていない一つの立像を想定し、まずこれに嗅覚・味覚・聴覚・視覚のどれかを与える場合、次々に注意・記憶・想像・判断等の悟性機能のみならず欲望や意志の働きまでも、生ずることが示される。けれどもこの時まだ外的対象についての意識はなく、たとえば嗅覚を与えられた立像にとって、香は、何か外物の香でなくて、「自らのあり方」そのものとのみ感じられる。立像は香そのものなのである。ではそれはいかにして外的に対象化されるか。触覚（運動感覚を含む）がそのことを果たすのである。触覚によって、身体と外的物体の区別が意識され、香や味や色は外物に帰せられることとなるのである。——第二の点については、コンディヤックは、「記憶」においてすでに「記号」の働きをみとめ、「記号」の分類を行ない、特にわれわれ自身が選び設定した記号（signe d'institution）によりわれわれの注意は自由なものとなり、判断・推理等自由な「反省」に達することを示した。感覚は記号によっていわば積分されて、知識となるのであり、「知識とはよくできた言語なのである。」

　さて哲学者コンディヤックと異なって、卓越した数学者・物理学者であったダランベール（D'Alembert, 1717–1783）もまた、相似た実証論・名目論に立っていた。イギリスではヒューム、フランスではコンディヤックのような哲学者と平行して、力学の研究者の間に、すでにデカルトやニュートンの物理的実在論に疑いをいだき、力学的モデルが畢竟モデルにほかならぬと考える実証論が生まれつつあったが、ダランベールはその考えをはっきりのべる。——数学殊に幾何学はかれにとって一つの経験科学であり、その体系は多分に規約的である。力学についても同様であって、たとえば既述の、力に関するデカルトとライプニッツとの有名な対立に対して、ダランベールは、問題の形而上学的意味づけを拭い去って、純粋に実証的に、運動量と活力とのいずれを力の測度と約束してもよいという解決を与えたのであった。

ディドロ、ドルバック

ダランベールを協力者として有名な『百科全書』(*Encyclopédie, ou dictionnaire raisonné des sciences, des arts et des métiers*)の編纂に不屈の努力を払ったのはディドロ(Diderot, 1713-1784)である。ディドロの思想は理神論から無神論(唯物論)への推移を示している。はじめディドロは、世界と神との関係においてなお世界秩序の原理を世界外の神に求める態度を持していた。しかし次第に世界そのものに、運動と生成の原理の全体を帰するようになり、無神論・唯物論に傾いてゆく(当時の公式的見解では、物質を不活動性のものとし、その活動の原理を神に仰ぐのが、理神論であり、これに反して物質そのものに運動力を内在させる考えは、世界原因としての神を不用とするから、無神論であり、唯物論なのである)。——しかしながらディドロのこの唯物論は文字通りの意味では「機械的」唯物論ではなかったことを注意せねばならない。ディドロは、それまでの数学的自然学の発展が、ひとまず完結に達したとの意識をもち、新たな自然学の展開を、化学や生物学の方面に期待した。かれの「実験哲学」は、原子に性質的多様を与え、かつかつてテレシオが考えたように原子に潜在的感覚を与えて、生命や意識がそこから発現すると考える、生命論的自然学であったのである。——なおこのようなディドロの唯物論に、次にのべるエルヴェシウスの社会論政治論を加えて、一つの体系の形にしたのは、ドルバック(d'Holbach, 1723-1789)であった。

ディドロ

エルヴェシウス

さてこのとき、もっとも一貫した社会哲学・教育哲学を与えたのは、エルヴェシウス(Helvétius, 1715-1771)の功利論である。それは第一に、あらゆる悟性作用を感覚に、あらゆる意志作用を本能的な自己愛(快を求め不快を避ける傾向)に、還元する。そして第二に、倫理の一般的基準を「公共の利害」（intérêt public）とする。いったい利害は、個人の利害・特殊社会の利害・国民の利害という風に段階の別をもつが、「国民の利害」が上にいう「公共の利害」であって、これが個人の行為の善悪を判定する基準となる。「人民の幸福こそ最高の法」なのである。

そこで道徳学や政治学の問題は、個人の利害を公共の利害に一致させることによってすべて解かれる。公共を利する行為に賞を与え、害する行為を罰するところの「法」をつくれば、個人は有徳となり、国家は正しい秩序をうる。道徳学・政治学は「立法技術」に還元される。同時にそれが「国民教育」の方法でもあることはいうまでもない。このエルヴェシウスの功利論がイギリスのベンサム（Bentham, 1748-1832）を導いたことは知られている。

エルヴェシウス

さてダランベール、ディドロ、エルヴェシウス等のいわゆる百科全書学派の啓蒙思想家たちに反対して、かれらの同時代に、すでに新たな思想の立場を築いた特色ある思想家は、いうまでもなくルソー（Jean-Jacques Rousseau, 1712-1778）である。ルソーの思想の根柢は十八世紀の自由思想にあるよりも前の十七世紀の形而上学にあり、そのような根柢に立って十八世紀の問題を全体的にとらえたゆえにルソーはまた、十八世紀を超えて十九世紀の思想に先駆する者ともなったのである。

ルソー

ルソーが終始心にいだいた問題は十七世紀風の「神義論」であった。デカルト、マルブランシュ、フェヌロンが若いルソーの親しんだ思想家である。この世の悪と神の善との問題に対してこれら十七世紀思想家が与えた答えは、神は善であり、罪を犯すものは自由をもった人間であること、しかも人間はその自由意志のゆえにまた罪を自ら脱却する能力をもち責任をもつ、ということであった。この考えをルソーは、ベールからヴォルテールにいたる宗教批判にもかかわらず、堅持する。しかし同時にルソーは、人間の悪をもっぱら社会と政治とに根差すものと考える。十七世紀の神義論に十八世紀の社会批判の精神が加わるのである。——かくて、神につくられたままの自然人は善であるが、不平等社会に入って悪となるのであり、従って人間はひとたび「自然に還って」、あらためて根本的に正しい政治と社会をきずきなおさねばならない、というルソーの思想の骨格が形成されるのである。

まず百科全書学派の文化主義に対する批判が現われる。学問芸術は道徳を純化したどころか、それを腐敗させた、とルソーは断定する。無学にして粗野なる民衆の中にこそ真の徳がある。アテナイよりもスパルタがルソーの理想であった。——文化と進歩に対する昔のキニコス流のこの批判はしかし、たんなるモラリストの立場から発せられたのでなく、政治哲学者の発言であった。すなわち学問や芸術の腐敗の根柢には、実は社会と政治の不正がひそんでいると考える。自然状態における自由と平等を去って、人類は、不平等の途をたどること久しい。政治的社会は、ロックの政治論の示すように、まず私有財産の不平等が成立した後、これを法的契約によって正当化し永続化する、という仕方で、形成されている。この不平等の根を除いて正しい社会をきずくのでなくては、文化の健全さも望みえないのである。

ルソーは採るべき策を、エルヴェシウスとほぼ平行に、政治と教育とにもとめる。——まず政治は、ロックの考えたように財産の不平等を前提するのでなく、端的に平等な自然人の間の「最初の契約」にもとづけられねばならない。そのような「契約」によってはじめて、正しい「一般意志」が成立し、それは、道徳的権威をもつものとなりうるのである（ロックやエルヴェシウスの考えでは、政治的社会は、畢竟便宜のための手段的存在であって、道徳的権威はもたない）。すなわちルソーは政治的社会（国家）の

ルソー

成立を、いわゆる「服従の契約」（すでに強者と弱者、富者と貧者を前提した上での支配服従の約束）にもとづける考えをまったく斥けて、平等な「社会契約」にもとづける。従って「社会」の成立と「国家」の成立とは、同時であり、国家権力の根柢は、平等な個人の間の協定によって成立した人民主権にある。こういう原理上の「民主主義」、「共和国」、の理想をもとにして、行政府のさまざまな形態（政体）、すなわちいわゆる君主政・貴族政・民主政が分かたれるのである。

しかしこのような理想国家は、人間がすでにいままでの社会悪を脱却して、善なる自然の状態を、自らのものとしているのでなくては、実現されないであろう。すなわち「自然人の教育」がなくてはならない。そこでルソーの教育の原理は、絶えず自然人として生まれる人間を、世の常の場合のように、不平等社会の悪に染まらせることなく、自然の善性を発揮するように教育すること、つまり「否定的教育」（éducation négative）である。これはたんに「消極的」な自由放任でなく、不平等社会の根本的な批判にもとづいて子供を社会の悪から遠ざけるところの、極度の努力、を意味する。——このことを前提して、まず幼児は、「事物の必然性」を学び、物にぶつかることによって自己を鍛えねばならない。そこに真の「自然的自由」が獲得されるのである。次に少年期に入ると、「技術の教育」が与えられる。体力が増すとともに、事物を積極的に用いることが、すなわち「功利性」が、学ばれるのである。第三に、青年期に入って、他の同胞との感情的共同がきざすにいたれば、はじめて道徳・宗教（ただし自然宗教）が学ばれる。正しい平等社会の人民かつ主権者となるべき人間は、かくして形成されるのである。

自然に還って正しい社会をきずきなおす、というルソーのこの主張は、第一にその「自然」への復帰の強調において、次代のロマン主義の文学や思想を、みちびいた。そして第二に、社会の根本的改革、すなわち「革命」の要求において、百科全書学派の自由思想家よりもはるかにラディカルな政治思想を説いているゆえに、それは、十八世紀末のフランス大革命に際しそのもっとも急進的な党派によって想起され信奉され、さらに、十九世紀の社会主義の思想に影響を与えたのであった。

ドイツ啓蒙哲学

さて最後にこの時代のドイツ思想について少し考えねばならない。啓蒙の哲学がドイツにおいてとった形は、イギリスやフランスとは異なっている。十七世紀における三十年戦争の荒廃の後、ドイツは政治的には近代国家の統一に達せず、多数の小侯国に分かれたままであり、経済的にも立ちおくれている。文化も地方的な小規模な宮廷文化とやはり小規模な市民文化となる。啓蒙思想も、イギリスやフランスにおけるような、市民の政治的経済的自己主張の表現とはならず、市民の日常生活の合理化という形をとる。——しかしながらそのことはドイツ思想が、この時期にも、他の国とはちがって、十七世紀以来の形而上学的志向を失わずにもちつづけたことを意味する。そしてこれが、十八世紀末から十九世紀はじめにかけて、啓蒙に反対するロマン主義の思想の出現に際して、ドイツ哲学が真に創造的となりえた理由である（フランスやイギリスでは、ロマン主義は、思想の面では独創を示さず、政治的社会的反動の表現という性格が主となっている）。

そこで啓蒙哲学についても、そのドイツ的受容のすがたを一瞥し、なかでももっとも誠実に啓蒙の問題を顧慮したカントの哲学の性格を、この方面から明らかにしておかねばならないのである。

この世紀の前半にはドイツではライプニッツの思想が弟子ウォルフ（Christian Wolff, 1679–1754）の体系の形で支配的であり、文学におけるゴットシェット（J. Chr. Gottsched, 1700–1766）のごときもウォルフ学徒であったが、世紀の半ばちかくになると、反対者も現われ、かつニュートンの数学・自然学が、フリートリヒ二世のベルリンに創設したアカデミーを中心として、力を得て来る。そこにヴォルテールやモーペルテュイ（Maupertuis, 1698–1759）が招かれる。ついでイギリスやフランスの啓蒙思想が盛んに伝えられ、六十年代にはルソーが大きな影響を文学と哲学の両方に与える。例えば若いゲーテはルソーの小説『新エロイーズ』に触発されて『若いウェルテルの悩み』を書く。カントもルソーに深く動かされる。そうして、このような、啓蒙思想とルソーとを同時に受容し醱酵させる態度において、文学ではゲーテ・シラーの古典主義、哲学ではカントの批判主義が世紀の最後の四半期に形成されるのである。

われわれはカント（Kant, 1724-1804）が啓蒙主義にたいしてとった態度をみよう。――かれが示した最初の努力は、ニュートンの宇宙論をうけいれながら、これを裏づける形而上学としてライプニッツのそれを維持しようとすることであった。そこでニュートンの原理に従いつつ、ニュートンがまだ説かなかった宇宙発生論を考え、機械的自然観を全面的に、目的論で意味づけようとする。たんに生物の如きについてでなく、力学的自然全体について、目的論的考察を及ぼそうとする。これはライプニッツの意図の継承であった。そして自然学に対する形而上学の世界、現象としての自然の背後なる真実在は、精神的実体の共同体（神の国）として、ライプニッツ風に考える。――しかるに、形而上学の可能性について、ロックからヒュームにいたる実証論の展開は、カントの心に多くの疑いを生む。さらに啓蒙主義の反形而上学的態度が、ヒュームにおけるごとく数学的自然学の基礎概念の客観性をすらも危うくすることが気づかれる。同時に啓蒙主義の道徳論と、ルソーとがかれに訴える。そこでカントは、第一に、ヒュームのような、理性を斥ける懐疑的自然主義に対して、科学的理性の実在妥当を確保してニュートンの自然学の客観性を肯定し得るような知識論をもとめるとともに、第二に、そういう科学的自然の基礎となる形而上学的真実在を、もっぱら道徳的信仰の内容と解する態度をきめる（ライプニッツのモナドの世界はいまやもっぱら、自由な道徳的人格の国として、その存在が実践的にのみ信じられるものとなる)。この両様の努力の成果が、それぞれ、『純粋理性批判』(一七八一年)と『実践理性批判』(一七八八年)となって現われるのである。

そしてこのような努力の途上において、カントは、フランス啓蒙思想の文化主義と、ルソーによるそれらの道徳的批判とを、ふたつながら、受け容れることができたのである。すなわちカントは、人間の歴史を、自然から道徳への歩みとしていわゆる「倫理的目的論」によって解釈し、人間はまず自然の粗野な無知な状態から出て、社会と文化をつくり、文明の状態に入るが、それはさらに一段とすすんで、真に道徳的な社会(世界市民の共同態)にまでいたらねばならない、と考える。そうしてわれわれは現在なお「文化」の段階にいるのであって「道徳」にまで達していない。「われわれは芸術と学問とによって高度に文明化(kultivieren)されている。……しかしすでに道徳化(moralisieren)されているとは、まだ考えられない。」そしてこの「道徳化」は、現実の政治においては、諸国家間の戦争の可能性を除いて(そのためにはすべての国家が人民の意志の自由な表現をゆるす法治国となる必要がある)、世界連邦、世界市民状態、における平和を実現することである。そこで、いわゆる啓蒙の文化主義は第一の「文明化」の努力を強調している点で正しいが、ルソーは第二の「道徳化」をつよく要求した点で正しいのである。そしてルソーが、きわめてラディカルに、「自然に還れ」といい、道徳的に堕落するよりはむしろ文化をすてる方がましであると考えたペシミスムの態度を、カントは、「文化」の状態から「道徳」の状態にうつる過渡の段階において人類のおちいる欺瞞と不正の支配に印象づけられて生じたものにほかならない、と考えた。カントにおいて、思想的には、啓蒙思想に対するもっとも中正な穏健な解釈が、示されているというべきであろう。

Ⅶ ドイツ観念論（その一）

十八世紀末から十九世紀はじめにかけてヨーロッパの思想と文学に、ロマン主義とよばれるひとつの感じ方考え方が支配した。これは十八世紀の啓蒙主義に、したがってまた十七世紀の知的な古典主義的考え方に、対する一種の反動である。ロマン主義は第一に、知性よりも感情を重んじ、第二に、自然を力学的機械的に見る科学に反対して、自然を生命にみちた有機的存在と見る。そこで第三に、宗教に関しても、前代の理神論のように、自然の技術的創造者としての神を考えるのでなく、むしろ自然に内在する生命そのものを神とするところの、汎神論的考え方を示すことになる。そして同様にして第四に、政治と社会に関しても、啓蒙主義のように社会を意識的に人為的につくり直すといういわゆる進歩主義的考え方を排斥して、すでにあるところの伝統に意味をみとめてそれに従いそれを守るという保守主義の方へ、ロマン主義は傾くのである。それはまた人類全体を念頭におく国際主義よりは、民族主義・国家主義にむかうことにもなる。

ロマン主義の傾向は十八世紀末のフランス革命に刺戟されて顕著となった。フランス革命は主として啓蒙主義の考えに導かれたものであるから、その限りロマン主義は革命に対する反動であるが、しかしフランス革命そのものもフランス国民の政治的自己主張をふくんでおり、ロマン主義を促す要素をもっていたのである。

さてこの時期に、ロマン主義を特に哲学において表現したのはドイツであった。カントからヘーゲル、ショーペンハウエルにいたるいわゆるドイツ観念論は、まだ啓蒙主義的であったカントから出発して、フィヒテにうけつがれ、ついでシェリングとヘーゲルにおいてロマン主義の包括的な哲学的表現を示すことになる（イギリスやフランスではロマン主義は哲学体系に現われるよりはむしろ主に文学に表現され、かつフランスではカトリック宗教の復興の動きが加わっている。これについては後にのべる）。

ドイツ観念論の展開はこのようにしてロマン主義の哲学的表現を与えたと見られるが、その展開のすがたを全体として見ると、われわれが近世の形而上学の最初の山とみた十七世紀の古典的理性の形而上学の展開過程と似ていることがみとめられる。十七世紀はデカルトの二元論から、スピノザやライプニッツの汎神論（一元論）への動きを示したが、ドイツ観念論もまた、カントやフィヒテの二元論から出発してシェリングやヘーゲルの汎神論にいたる（そしてこの汎神論への転向がここではロマン主義への転向という形で現われるのである）。かくてドイツ観念論の諸体系は近世の形而上学の第二の山であって、これら二つの山の形から一般に形而上学的世界観の内的推移の形をとり出すこともできるであろう。しかし同時に両者の相違もまたはっきりしている。すなわち前の十七世紀の諸体系は、それらの論理を数学的合理性に求めているのに対し、これから見ようとするドイツ形而上学は、生命と精神の活動のリズムを「弁証法」という一種の論理形式においてとらえるのである。

カント

カントについてはその考えの輪郭をすでに見たが、ここで改めてかれの議論の内容を考えよう。主著『純粋理性批判』(一七八一年)の問題とするところは、形而上学が学問として成り立つかどうか、ということであった。——形而上学は、「世界」は全体としてどういうものか、「神」は存在するか否か、人間の死後の運命はどうか(「魂」は不死かどうか)、というような、人間の理性の発する究極的な問いに答えようとするものである。そしてそういう問いに対する答えを、伝統的形而上学(カントにとってはライプニッツ、ウォルフの形而上学)は、学問的知識として与えようとした。——しかしそれは本当に学問的知識とみとめうるものであろうか。カントはすでに軌道に乗った学問的知識としては、ガリレイやニュートンが基礎をおいた数学的自然学しかない、とみとめる。ここではすでに原理が確立していて、後の研究はその原理に従って進められているからである。しかるに過去の形而上学の系列をみると、先行の形而上学の原理そのものを後人はたえず反駁しつくりかえており、いつもはじめからやり直している。形而上学はその原理を確立しておらず、学問としての軌道に乗っていないのではないか。

そこでまず、㈠数学的自然学を学問的知識として成り立たせているところの前提条件をもとめて、われわれの認識の基礎を明らかにせねばならない。このいわゆる「認識論」が『純粋理性批判』の前半を占める。ついで、㈡かくて得られた認識の基準をもって、伝統的形而上学の「心理学」・「宇宙論」・「神学」を吟味し、それが結局人間経験の範囲を超えた独断的命題にすぎぬことを明らかにするのである。㈢しかしながらこのように学問的認識でないとせられた形而上学は全く無意味であるかといえば、カントは決してそうは考えなかった。『純粋理性批判』の結尾とそれにつづく『実践理性批判』とにおいて、かれは、形而上学を道徳的経験にもとづく信念として解釈し直すのである。

カント

㈠　認識論においてカントはロックからヒュームにいたる認識の分析の成果を念頭において、感覚的直観と論理的思考との綜合において認識が成り立つと考える。しかし経験論とはちがって、直観においても思考においても、後天的経験に先立ってむしろ経験のために必要な前提条件である「先天的」形式があるとみとめる。それは、直観については「時間」・「空間」（先天的直観形式）であり、思考については先天的思考形式としての「範疇」（カテゴリー）である。範疇とは「実体と属性」「原因と結果」など自然の事実の基本形式である。——ところで直観と思考との綜合としての認識は、論理的にいえば、直観の与える主語的対象に述語規定をつけるところの「判断」である。そこで直観にも思考にも先天的形式をみとめることは、われわれの認識の根本形式が「先天的判断」にあることを意味する（例えば「すべての出来事は原因をもつ」という因果法則のごとき）。ところでさらに、このような先天的判断は、形式論理的にのみ正しい判断のようにわれわれの観念相互間の無矛盾性を示すだけのものではなく、観念をこえて実在的対象について真なる規定を与える判断である。カントは前者すなわち形式論理的にのみ正しい観念的判断を「分析判断」とよび、後者すなわち実在的対象に先天的にあてはまる判断を「先天的綜合判断」とよぶ（「分析判断」とは「物体は延長をもつ」という判断のように、主語概念「物体」の内包に「延長性」がふくまれていて主語概念の分析だけで——実在的対象に改めて関係づける必要なしに——下しうる判断であり、これは経験をまたずに真なることが主張できるからいつでも先天的判断である。これに反し、「綜合判断」とは「物体は重さをもつ」という場合のように、延長者という物体の本質にふくまれぬ「重さ」という規定を、物理的経験を介し——実在的対象の知覚を介し——主語に加える判断である。そしてこの例は経験的後天的な綜合判断である。ニュートンの万有引力の法則は少なくともニュートンにおいては経験的法則である。しかしさきにあげた「すべての出来事は原因をもつ」というような判断は、「綜合的」であるともに「先天的」なのである)。そこでカントの考えでは、学問的知識(学問的経験)の基礎には「先天的綜合判断」があり、これの可能性を明らかにすることこそ、認識の基礎の吟味にほかならないわけである。

さてこのように認識が先天的形式をもち、その原理として先天的綜合判断を前提する、とみとめることは、ロック以下の経験論が斥けた「生得原理」を再び承認することであり、このことによってカントは、バークリやヒュームが十分に理由づけ得なかった数学的自然学を認識の模範的な形として正当化しようとした。ヒュームのような懐疑論におちいるまいとしたのである。しかしながら、もしカントがはじめからニュートンの自然学を真なる認識としてみとめて出発し、ニュートンにおける基礎概念(たとえば「時間」「空間」)と基礎命題(たとえばかれの運動法則に表現されている「因果法則」)の理由づけに努力したのであるならば、ヒュームの懐疑論をはじめから否定して出発したのであって、それを克服したのではないといわねばならないであろう(バークリのごときは、ニュートン自然学が真であるというよりむしろ自己矛盾的な偽なる主張であることを哲学的分析によって示そうとしたのであった)。しかしながらカントが幾分この点をも意識しつつやはりヒュームに反対しうると考えた理由は、ニュートンの数学的自然学体系が先天的前提を置いているという事実のみでなく、その自然学に用いられている数学そのものが、形式論理的分析的命題から成る（ライプニッツもヒュームもそう考えた）のでなく、先天的綜合命題を原理としている、と考えたからである。つまり数学は形式論理的思考のみで成り立っているのでなく、直観（たとえば幾何学における空間図形の直観）をもふくむと考えたからである。もしヒュームが数学において先天的綜合判断のあることを気付いていたならば、ヒュームは懐疑論におちいらずにすんだであろう、とカントはいう。

このように自然学が先天的綜合判断を原理としていることをみとめるカントは、次にその可能根拠、従って自然認識が客観的知識たりうる理由を、われわれの意識そのものの綜合的統一作用にもとめる。デカルトの「我考う」ということが、カントにおいても、認識の究極的根拠となる。――このときカントは二つのことを主張する。第一に、われわれの認識する世界は、物をそれ自身においてあるがままに示すのでなく、物がわれわれ人間の認識能力に現われる限りの姿を示すのみである。われわれの認識は「物自体」をとらえるのでなく物の「現象」をとらえるのみである（物自体は神の知の対象であって人間知ではとらえられない）。カントはこのようにプラトン以来の「自体」と「現象」との区別をした上で、第二に、もっぱら「現象」について人間は客観的知識をもちうる理由を示そうとする。原理にさかのぼっていえば現象について先天的綜合判断をわれわれがもちうる理由を示そうとする。そしてこのことは、現象における対象そのものが、意識の内容（表象）として、しかも先天的必然性をもって、構成されたものである、ということにもとづけられる。まず(a)自然の対象が時間と空間との量的規定をもつ（たとえば幾何学が自然学に適用可能である）のは、対象そのものが、われわれの直観により（感覚的質料を時間と空間の形式によって秩序づけることが直観である）成り立つのだからである。そしてさらに、(b)「実体と属性」や「原因と結果」の思考形式（「範疇」）が対象（客観）そのものに適用しうる理由は、時間空間的規定をもって直観される対象が、さらにそのような思考形式によって限定され構成されてはじめて完き自然的対象となるのだからである。

かくて、現象的対象が「ある」ということは、それが意識の綜合的統一（構成）によってあること、つまり「意識されてある」ということにほかならず、だからこそ「時間的」「空間的」「因果的」というような規定が「対象にあてはまる」（「客観的に妥当する」）ことは当然なのである。カントは現象的認識の客観性の理由づけとして「観念論」（「ある」ことは「意識されてある」こと、すなわち「観念としてある」ことにひとしいという考え）を採ったわけである。ただこのとき「意識」は個々の人間の心の中に起こる事件としての意識現象なのではない（もしそうならば自然現象はすべて心理現象になってしまう）。カントの意味する「意識」は物の「存在」や「統一」を可能にする意識であって「超越論的」（「先験的」）意識である。外から規定すれば、個人的な意識でなく超個人的な、すべての人に通ずる意識である、といえる。かくてカントの認識論は「超越論的（先験的）観念論」による認識解釈なのである。

(二)『純粋理性批判』の前半において示されたカントの認識論は右のようなものである。そこでカントはこれをもとにして、後半において本来の課題である伝統的形而上学の学問性の吟味に入る。そこではまず(a)不死の「霊魂」や全体としての「世界」や「神」の概念が、現象的認識における思考形式としての「範疇」(そういう思考能力をカントは「悟性」とよび「範疇」を悟性概念ともよぶ)を、現象的経験の範囲をこえて絶対化することによって得られた概念であることを明らかにする。そして現象的経験の範囲をこえて絶対的全体を求める思考能力を「理性」というならば、「霊魂」・「世界」・「神」の概念は「理性概念」すなわち「理念《イデー》」である。(b)ところで伝統的形而上学はこのような理念が実在を指示すると信じ、その実在について種々な規定を与え、それが学問的認識であると考えている。けれども、さきに明らかにしたところでは、認識は現象的経験の場での論理的構成であって、現象をこえた「自体」については認識はありえない。それは理念によって「考えられる」が、「知られる」のではない。のみならず、そういう理念の示す全体についてのわれわれの思考は一義的でなく、二つの相矛盾する述語がそういう対象に同様の理由をもって与えられることがある。カントは特に「世界」についてそれが時間的・空間的に「有限」とも「無限」とも主張でき、「第一原因」をもつとももたぬとも主張できることを示した。こういう理性の自己矛盾は、「世界」という全体が、有限な対象のようにわれわれに与えられうるかのようにあやまり考えるところから生ずるのである。いいかえれば範疇を絶対化して物自体に適用することによって形而上学的知識を得られるかのように考えることがあやまりなのである。

同じことは「霊魂」の実体性・非物質性従って不死性についての伝統的証明に関してもいえる。それは超越論的意識主体そのものに実体の範疇を適用するあやまりにもとづいている。「神」の現存在の証明も同様である。神をあらゆる実在性の全体と考えてその実在性の一つに「現存」という述語もまたふくまれる、というのが、神の現存の証明の中で最も原理的な、いわゆる「存在論的証明」であるが、これは一般に、「現存」ということが、主語となっている物の一属性を示す述語だ、と解する誤りにもとづくものであって、「現存」とは実はわれわれの経験の質料的条件への関係（すなわち感覚において与えられているということ）を示す語である。そしてこの意味では「神」は「現存」するとはいえないことと明らかである。

㈢『純粋理性批判』はこのようにして、形而上学が学問としては成立しないという結論に至った。けれどもはじめにいったように不死性や神についての形而上学的問いそのものは人間の避け得ない問いであって無意味なのではない。カントはいまやこれらの問いが実は知識にかかわるのでなく実践にかかわるものであり、道徳的実践に動機づけられている、とみとめる。形而上学を実践的道徳的信仰の表現として解釈し直すべきである、と考える。

カントの考える道徳は理性道徳である。感覚的快楽や幸福を道徳的善とみとめる快楽論・幸福論を採らない。「幸福であること」が道徳的善なのでなく「幸福であるに値すること」がそれなのである。そしてそういう価値（善）は、それを求めよと理性が命ずるところのものであり、そういう実践理性の命令が道徳法則である。

道徳法則は自然の因果法則とは異なりわれわれの意志を規定する命令である。しかしすべての命令が道徳法なのでない。たとえば「健康でありたいならば暴食するな」というのは命令であるが条件つきの命令であり（「仮言的命令」）、その前件を意志しなければその命令は守らずともよい。のみならずこういう形の命令は、自然の因果関係（「暴食すれば健康をこわす」）を幸福論の見地からいいかえたものにすぎず、理論的「悟性」の法則であって実践的「理性」の法則ではない。そこで真に実践「理性」の与える道徳法則とは、「うそをつくな」（「正直であれ」）というような無条件な命令でなくてはならぬ（「定言的命令」）。それは利害の打算をこえた絶対性をもつ。

このような命令は理性が自己自身に課する命令である。神の命令でも国家や社会の命令でもない（もしそうならそれは「神または社会によろこばれようとするならばかくかくにふるまえ」という仮言的命令になってしまう）。それはたしかに一つの内的強制である（われわれ人間は理性的であるとともに感性的でもあり、理性にそむくこともありうるのだから）。しかし外的な強制でなく、自己自身に自己が法則を課することなのである。実践理性の「自律」である。

さてこのような理性の自律のはたらきを形而上学的に規定すれば、それは自発的原因性(もはや他のものの結果でないところの第一原因のはたらき)であり、それは「自由」ということである。そこで、さきに形而上学において、「世界」において第一原因ありやなしや(世界には自由な原因があるか或いはすべてが因果的に必然的に決定されているか)と形をとった問題は、いまや実践理性の立場から、「自由原因あり」という答えをうる。

「霊魂不死」の理念と「神」の理念にも道徳的意味が与えられる。第一に、われわれは道徳法の声をきくことができるとともに感性的自愛の傾向をももっており、完全に道徳法を実現することは長い努力精進によってのみ可能であって、これは短いこの世の生においては果しえぬ課題である。そこでこの世の生の終った後にもわれわれが存続して努力をつづけうる、ということが要請され希望せられる。第二に、世界における正義の実現の可能性(それが全く不可能なら道徳法則は無意味になる)を考えるとき、われわれは道徳的善行に対してそれにふさわしい報いとしての幸福が、現世でなくとも来世において最後には与えられる、ということを望まざるをえず、このことは、正しいとともに全能な(従って世界を支配する)「神」、の存在を要請することになる。神の存在は理論的に証明されぬが実践的に要請されるのである。

『純粋理性批判』の結尾と、つづく『実践理性批判』とにおいて、カントが示した形而上学の解釈、すなわちそれを道徳的経験の場における実践的信仰の表現と見る考えは上のようなものであった。そしてその後かれは、このような神の摂理の信仰を背景に、いわばそういう神のわざのあとを、世界の中に、美的対象や有機的生命において、みとめうると考えた。美や生命についての目的論的反省を『判断力批判』においておこなった。すでに前章の終りにのべた、人間の歴史についてのカントの道徳的目的論的反省もまた同じ趣旨のものである。

フィヒテ

カントの哲学にはいろいろな問題がふくまれていた。第一にかれは認識の対象に関して「現象」と「物自体」を区別し、現象は知りうるが物自体は知りえぬと考えた。しかしわれわれの知りえぬ物自体が存在するということ自身はどうして知りうるか。実在論をすてて観念論に徹底するなら、現象の背後に物自体を想定することをむしろやめるべきでないのか。第二、自律的な実践理性は「自由原因」であってこれは現象に属せず物自体の世界に属する、とカントは考えたが、これはカント自身の形而上学批判に反しないか。理論理性における超越論的自我を、物自体として実体化することはあやまっている、とかれは主張するのだから、実践理性についてもその点をもっと慎重に考えねばならないのでないか。

——つまりカントにおいて主観・客観の意識関係と、現象・物自体の形而上学的区別とが交錯して、問題を生んでいるのである。

この点ははやく気づかれ、たとえばラインホルト（K. L. Reinhold, 1758-1823）はカント哲学をもっぱら主観客観の意識関係をもとに整理しようとし、この関係について能動・受動の両面を分け、主観が客観に対して受動的である理論的・認識作用と、逆に主観が客観を能動的に限定する実践的意志作用とを、同じ意識の両面として統一的に考えた。しかしかれは、客観についての現象・物自体の区別をすててはじめから問題を考え直す、というまでにはいたらなかった。

それを敢てして、認識についての観念論と実践における自由論とを一つの体系の中に組み入れた人はフィヒテ（Johann Gottlieb Fichte, 1762-1814）である。そしてここにはじめて哲学体系そのものの論理としての「弁証法」が、意識の能動・受動の交替のリズムとして示されることになるのである。

フィヒテ

フィヒテはカントにおける自由な実践の主体である「われ」と理論の主体である「考えるわれ」とを一つにする。「われ」は「もの」ではなくて「はたらき」そのものであり、しかも自己を定立するはたらきそのものである。「はたらき」(行)が、「存在」・「事実」としてのわれの底にある。デカルトは「われ考えるゆえにわれはある」といったが、フィヒテは「考える」という理論的活動のみならず自由に意志するという実践的活動をふくめて「はたらく」といい、「われはたらく(自己を定立する)ゆえにわれはある」という。この「はたらくわれ」を第一の原理として認識と行為の諸相を理由づけることが哲学の仕事である。

この第一の原理は「我は我である」といいあらわされる(ただしこの「ある」は上述のように定立のはたらきを意味するから、「我は我である」とは「我はみずからの存在を根源的に絶対的に定立する」という意味である)。そしてこの「我は我である」という自同性が論理学の「AはAである」という自同律を理由づける、とフィヒテは考える(「AはAである」とは「AならばAである」ということであり、それは「Aが我において定立されるならば、それはAとして定立されている」ということであって、Aの自同性の基礎には我の自同性がある、という)。これは、哲学の第一原理が論理学の第一原理をも基礎づける、ということであるが、逆に哲学の第一原理が、論理学の第一原理とひとしい絶対的普遍性をもつ、という主張でもある。我の存在があらゆる存在を基礎づけうる、ということである。

さてわれわれはみずからの内に上のような純粋活動をみとめるが、現実のわれわれの意識は、そういう活動がまた、外的対象をもつということ、「我」は「我ならざるもの」(「非我」)に向い「非我」に結ばれていること、を見出す。現実の我は自己の肯定のみならず自己の否定（対象の肯定）をもふくむ。しかし上の第一原理をもととすれば、自己の否定（「非我」の定立）もまた「我」のはたらきでなくてはならない。すなわち「我に対して非我が対立（反対定立）せられる。」これが第二の原理であって、「非Aは Aでない」という論理学の矛盾律の基礎と考えられる。

われわれの有限な現実意識が、一方自我の定立と他方非我の反対定立とをふくんでいることは明らかである。従って上の第一第二の原理が現実世界の導出に必要な原理であることは明らかである。けれども二つの原理は論理的には矛盾しており、その矛盾を解消しなければならない。——第一第二原理間の矛盾とは、端的に定立された自我と非我との矛盾であり、非我は我の否定であるにもかかわらずやはり我によって定立（肯定）されている、ということである。フィヒテはここに自我と非我との相互制限、すなわち肯定と否定とがそれぞれ部分的に折れ合って共存する、という意味で、大小の量の規定を導き入れる。「可分性」すなわち「量を容れること」が、自我・非我についてみとめられる。かくて「可分的（量的）我」に「可分的（量的）非我」が対立するという。しかしはじめに根源的なはたらきとして立てられた第一原理の「我」はどこまでも絶対的なものとして根柢にあり、「可分的我」と「可分的非我」とは依然「我」の中に定立されるのである。すなわち「我は我の内に、可分的我に対して可分的非我を対立させる（反対定立する）」。そしてこれが、論理学の原理では、同一性と異他性の関係づけとしての「理由律」の基礎をなすという。つまり同一律・矛盾律のみではAと非Aとが考えられるのであるが、理由律によってAに対するB（これはAならぬ非Aであるが同時にAと共通点をもちAと共存するものである）が考えられ、有限な差異の世界がはじめて成立する。——かくて肯定・否定の二原理に可分性（制限）の原理が加わることにより、有限な我が物に向って立っているという、われわれの現実意識の最も一般的な形式が成立するのである。

上のような根本原理の提示において定立（肯定）・反対定立（否定）・両者の綜合という順序がみとめられ、この後シェリングやヘーゲルによってうけつがれるドイツ観念論の独特な思考形式、すなわち哲学の論理としての「弁証法」が姿を見せている。しかしフィヒテの論の特色は、最初に定立される「絶対我」がどこまでも基礎にあり、そこに生ずる矛盾は決して最初の土台をくだくことがなく、綜合がいつも同じ土台の上でうち出される、ということである。綜合である差別世界はいつも相対的であって、最初の定立である自由なわれがいつも絶対的なのである。我という鉄床《かなとこ》の上で、我のふるう鎚によって、すべての有限物を打ち出す、という趣きがある。フィヒテの考えは自由の観念論であり、二元論的な努力主義であることが、その弁証法の性格に現われている。後のヘーゲルの弁証法では、定立においてでなく綜合において絶対的なものがつかまれることになるが、これはヘーゲルがフィヒテと異なる汎神論者だからである。

さて上の三原理は現実意識の枠だけを与えたが、フィヒテは次に自我と非我との相互作用（相互限定）を導入する。両者の間に能動・受動の力の関係を考える。そして非我が自我を能動的に限定することにおいて「認識」、逆に自我が非我を能動的に限定することにおいて「実践」が成り立つと考える。

認識論は「自我は自己自身を、非我によって制限されたものとして定立する」ということ――上の第三原理の系――から出発し、この見地の下において、自我・非我の相互限定（「関係」）を考え、そこから非我が原因として自我に働くこと（「因果性」）、自我は「実体性」をもちつつ非我による変容をうけること、を論ずる。そして認識に関して「実在論」の考え方と「観念論」の考え方との諸相を展開する。

認識活動に関してまだ形式的な上の議論の後、最後に内容的に認識の諸段階の導出、すなわちフィヒテのいわゆる「表象の演繹」、が試みられる。このとき非我は我に対する因果作用によって我の活動の「阻害者」として働き、上に「実体」として示された我の方は、無限（実体性）と有限（属性）との間の動的統一という形で「想像力（形成力）」としてあらわれる。そこでこの「想像力」の作用とそれを阻害し刺戟する非我の作用との協同によって、感覚・直観・再生的想像・悟性・判断力・理性の各認識段階が、次々にそれぞれひとつの弁証法的綜合として成立することが示される。そしてこれらの「認識」の諸相の展開を経た後、やはり最初の「絶対我」と「知性」（知るものとしての我）との間の距離が残されていることが反省され、この距離を埋める仕事は「実践」によって引き継がれる。

実践論は認識論と同じく第三原理のもう一つの系「我は非我を我によって制限されたものとして定立する」にもとづいて成り立つ。しかしここでは上述の認識における非我と我との展開の結果が前提される。理論において最後までなくならなかった、非我の自我に対する阻害を、新たな次元で克服しようとする自我の活動が、すなわち実践なのである。それの一般的な性格は「努力」であって、自我が非我にうちかって絶対的統一（絶対我）に帰ろうとすることである。そしてさきの認識論における「表象の演繹」と平行して、実践論においては、「努力」の具体的な諸形態が「衝動」の諸段階として示される。第一に認識が全体としてやはり衝動にもとづいており（「表象衝動」）、第二に非我を変形して物を制作する衝動（「生産衝動」）がある。しかし第三に、生産衝動が外に目的をもつのとは異なって衝動の発動そのものが目的であるような衝動「衝動のための衝動」がある。これが「道徳的衝動」であって、カントのいわゆる「定言命令」に従う善意志なのである。

フィヒテの形而上学の最初の形は上のようなものであった。それは実践的自由とそれの実現の努力とを存在解釈のモデルとする実践的二元論であり「道徳的世界観」である。そしてその後かれは、かれの説が無神論だという批難（フィヒテにとっては神は世界の道徳的秩序づけの働きそのものであって、そのほかに神という実体が存在するわけでない）や、時代の哲学の動き（次章に述べる「汎神論への転向」）に、みずからも答えて、実在論の言葉を使い新プラトン派の形而上学に近づいたが、しかし結局かれに特有な二元論的考え方をどこまでももちつづけたのであった。

Ⅷ　ドイツ観念論（その二）

ドイツ観念論はカントとフィヒテにつづくシェリングやヘーゲルにおいて、丁度十七世紀におけるデカルトの二元論からスピノザの一元論（汎神論）へのうつりゆきに似た、汎神論への転向を示す。それは当時「スピノザ主義」への転向とよばれた（十七世紀のスピノザの思想は十八世紀においても無神論として斥けられ多く省みられず、いまわれわれの見ている十八世紀から十九世紀はじめのドイツの文学者哲学者においてはじめて同情ある理解者を得たのである。たとえばスピノザは無神論者であるどころかむしろ「神に酔える人」であるとノヴァリスはいった）。シェリングとヘーゲルとは若い時この転向を経験したのであって、そこにかれらの哲学の出発点があった。「スピノザ主義者となることはあらゆる哲学的思考の始めである」と晩年のヘーゲルも書いたが、これはみずからの思想的経験をいいあらわしているのである。

そういう汎神論（スピノザ主義）への転向の意味を考えると、第一に道徳についてカントやフィヒテの二元論に対する反撥がある。カントでは道徳的意志は自らの幸福や快楽への傾向をすてて義務の命令に服する。真の徳は、幸福への顧慮をすててのみ達せられる。これは、生れながらに自然に義務に従う場合の性格の善さ（「美わしい魂」）を、道徳的に価値あるものとみとめない、いわゆる「厳粛主義」であって、無理がある（これを早く指摘したのはカントの弟子でもあったシラーである）。のみならずフィヒテの「努力」の説にあらわれているように、二元論は一種の矛盾を含んでいるともみとめられる。フィヒテにおいて一方絶対的な我ははたらきそのものとして直観されておるにもかかわらず、他方有限な我はそれを無限な努力の彼方に望むのみで、絶対我との直接な一致にいたりえない、と考えられている。これは一種の矛盾である。――そこで道徳においても、その頂点においてむしろ絶対善（絶対我）との直接な合一の経験をみとめるべきである。しかもこれは古来「浄福」とよばれるとおり、最高の幸福を意味するから、カントのように幸福への傾向をすてるのでなく、真の幸福を浄福において得ることこそ道徳的である、といわねばならないことになる。

第二に、同じ考えは認識において理性的反省をこえて知的直観を究極のものとする考えになる。これはカントの斥けた考えであったが、フィヒテはすでにそれを主観の自覚においてみとめていた。そういう知的直観を客観についてもみとめ、スピノザの「直観知」に一致させることがシェリングやヘーゲルの道であった。

ところで第三に、このように認識の最高の境地を「神秘的合一」としての直観とする考え方からは、自然の真実な知識もまた、自然を主観からきりはなして機械的にみるという科学者の見方に見出されないことになる。むしろ芸術家の自然観照こそ自然の真相を直観するものと考えられる。そして自然の存在そのものも、デカルト、ニュートンのみたような力学的機械的存在でなくて、有機的生命的存在と見られることになる。シェリングやヘーゲルの「自然哲学」はそういう自然観の概念的表現であった。

シェリング

シェリング（Friedrich W. Joseph von Schelling, 1775-1854）は早くフィヒテの形而上学に共鳴したが次第にフィヒテを離れて汎神論に転ずる。フィヒテにおいて自然は我に抵抗し我の活動に反対する「非我」とのみ見られ、それ自身の生命をもった原理と見られていないことが、シェリングのフィヒテに対する不満であった。

十八世紀においてニュートンの力学は数学的に展開され機械的自然観の枠としての意味をもちつづけたが、同時に電気磁気の現象や化学変化や生命現象の実験的知識が多く集積されこれらが理論的説明を待っていた。このときこれらの新事実が結局は力学的に説明されるであろうと期待することがニュートンを信ずる科学者の考えであったが、反対に、力学的説明を断念し、自然の説明原理自体を電磁気や生命力に求めて自然学を新たにすべし、という考えが生じた。十八世紀後半の啓蒙主義者ディドロのごときもすでにそう考えた。そしてこれをシェリングは大規模に体系化しようとするのである（序《つい》でにいえば化学変化特に燃焼の現象が理論的に説明されたのは十八世紀末のラヴォアジエによってであり、電磁気の理論がファラデイ、マックスウェルによって示されるのは十九世紀の三十年代であって、シェリングはラヴォアジエの燃焼が酸化であるという考えその他を自分流に使ったが、電磁気理論については晩年にファラデイの業績を知ったのみであった）。

いくつかの試論の後にシェリングがまとめあげた自然哲学の構想は、磁気や電気にみられる両極性に着眼して、反対力の統一として、自然の諸段階を発展的に理解しようとするものであって、三つの段階が大別せられる、すなわち㈠物質　㈡熱と光　㈢生命である。㈠物質そのものについては、すでに十八世紀のボスコウィッチやカントが試みた、物質の存在そのものを反対力（引力と斥力）との張り合いとして解釈する考え、をとる。そして反対力の綜合の段階を三つに細別し、磁気・電気・重力とする（磁気は直線に沿うて現われ、電気は平面にはたらき、重力は三次元の物体の特性であると見る）。㈡次にそのように構成された物質そのものの中に、或る意味で㈠の過程の像がくり

シェリング

かえしてあらわれる。すなわち磁気・電気・化学変化である〔このとき磁気は同質者〔鉄〕における両極性の統一と見られ、電気は異質の物体相互間の反対の統一であり、化学変化は異質の物質がさらに内面的に作用し合って生ずる綜合であって、燃焼〔酸化〕が主として考えられ、従って熱と光とが注目される〕。㈢上のような過程を前提して生じたさらに高い綜合が生命過程であって、当時の一医学理論に従い、主に動物的生命に着眼して、感受・反応・再生の三つの相に分たれる〔「再生」には有機的成長と生殖とがふくまれている〕。――このようなシェリングの考えには、パラケルズスやヤコブ・ベーメの自然の考え方、ことに後者の考え方に似たものがみとめられる。

シェリングはこのような自然哲学をカント、フィヒテの超越論哲学に加えてはじめて形而上学体系は全きものとなると考えた。しかし両者はどうつながるか。超越論哲学〔精神哲学〕の方からみると、自然はその生命形態において、精神の無意識的作品の趣きがある。そして精神の領域でそれに対応するものは芸術作品である。そこで、カントやフィヒテが形而上学のモデルにしたのは道徳的実践であったが、シェリングは芸術的制作において存在の究極的意味がとらえられると考えるのである。「自然はまだ無意識的な精神の詩〔制作〕であり、全哲学のオルガノンにして要石であるのは芸術の哲学である。」

このように生命形態と芸術作品とにおいて直観される統一原理を、シェリングはさらに進んで「絶対的同一」と名付ける。自然と精神、客観と主観という相対的「差別」の根柢にある「同一性」という意味である。ここでフィヒテの「はたらきとしての我」を超えて、スピノザの「神」にあたるものが哲学の原理となったのである。このような「絶対的同一」が相対的差別を生むさまは、磁石にたとえて理解される。一本の棒磁石を二分すれば二つはまたそれぞれ両極をもった磁石になる。そのように「絶対的同一」は自己を分って自然と精神及びそれぞれにおける諸形態となるが、これら相対的諸形態はやはり「同一」のもつ全体性を宿しているのである。――こうしてまとめあげられた体系において、自然（客観）の側では、すでにのべた物質・光・生命の三つの段階が示され、これに対応して精神（主観）の側では、知識（学問）・行為（宗教）・芸術作品（芸術）の三つの段階がふくまれる、とシェリングは考えた。

さてこのような美的汎神論の哲学において、この哲学と信仰（キリスト教）との関係の考慮に促されて直ちに問題が提起された。第一に永遠な絶対的同一から時間的な差別がどうして生ずるのか。有限な差別をもつ存在はこの体系ではもともと存在しえないのではないか。第二にこの体系では人間の自由の存在、世界における悪の存在は結局理由づけられないのではないか。これらの問題をきっかけとしてシェリングの哲学はさらにちがった相を示すのである。

第一の問題に対しては、時間的有限な差別形態が絶対者とはなれてはじめて独立に存在するのでなくむしろ磁石の分割の例が示すように有限な部分にも全体が内在すればこその有限な部分は独立な存在をもちうるのだ、と一応答えられた。しかしたとえそうであっても、やはり分割や差別そのことは同一そのものから理由づけられないであろう。シェリングはこのことをみとめ、永遠なものからの時間的なものの生成はやはり一つの謎であって、永遠者からの「堕落」という事実を事実としてみとめるほかはない、と考える。そして第二の問いについても人間の選択意志と悪との存在の事実性をみとめ、これらの事実の意味を考えることによって「絶対的同一」の原理そのものの意味を考え直そうとした。

このときヤコブ・ベーメの神智学がシェリングの拠るところとなる。神自身についてそれの啓示された「存在」とかくれた「存在の根拠」とが区別される。これは精神としての神と、その根柢に存する自然(「神における自然」)との区別である。両者の統一すなわち神性そのものは「無」(「無底」)である。被造物ことに人間は、「精神としての神」に対するとともに「神における自然」の中にみずからの根をもっており、そこから、精神としての神にそむく自由をもつ。そういう神への叛逆が悪であって、これは、神における精神の自然に対する優位という秩序を逆転して精神よりも自然に従うこと、である。しかし、このように自由意志と悪との可能根拠が神性そのものにおいてあるとしても、では何故に現実に自由と悪とが生じたのか。それは「無底」である神性そのものが自己を啓示せんとするがゆえであり、その啓示とは別の言葉でいえば神の愛の発動にほかならないという。このような神性をシェリングは、もはやさきのように「同一」とは呼ばず「無差別」と呼んでいる。

かくて永遠と時間、汎神論と自由（悪）との関係の考察からシェリングは、理性的に直観される「本質」（さきの「絶対的同一」）を原理とする立場をこえて、「現実存在」・「事実」を最後のものとする立場、一種の非理性（非合理）主義にすすんだ。晩年のかれは、理性の哲学を「消極哲学」と呼び、事実（啓示）にもとづくみずからの最後の立場を「積極哲学」（positive Philosophie「実証哲学」）と呼んだ。そして古代神話とキリスト教との思弁的解釈を介して、神の誕生と世界の生成とを考える「世代」（Weltalter）の哲学にいたったのであった。

ヘーゲル

ヘーゲル

シェリングと同窓の友ヘーゲル（Georg Wilhelm Friedrich Hegel, 1770–1831）がやや後れて世に出で、或る意味でドイツ観念論の完成者となった。二元論から一元論への転向という経験をシェリングとともにしたが、シェリングの関心の領域がまず「自然」であったに対して、ヘーゲルの関心ははじめから「歴史」に、しかも宗教と政治とにあった。

宗教（キリスト教）について、若いヘーゲルは、はじめ啓蒙主義者やカントの理性宗教の考えをもったが、ついでスピノザ主義にうつり、生命と愛を宗教の中心におく考え方になる。ヘーゲルはこの点をイエスの業績とその運命とに即して深く考えた。このときまずイエス伝はギリシャ悲劇のように見られ、「美わしい魂」であるイエスが愛によって運命と和解しようとして果さず仆《たお》れた、と解された。しかし結局ヘーゲルは、さらに、イエスを神の子キリストと信ずるキリスト教神学の解釈にうつり、しかもむかしベーメのとったような思弁的解釈におちつくのである。

政治についてはヘーゲルははじめフランス革命に同感する共和主義者・自由主義者であって、ついで政治権力において運命を見る考え方に転じ、伝統的な社会道徳の有機的体系を尊重する考え方になる。「人倫国家」の考えをとることになる。——ヘーゲルは時代の政治に深い関心をもつ政治評論家でもあって、若い時には自分の生れた侯国の政治を論じ、またドイツの政治的分裂を考え、晩年にはイギリスの選挙法改正案を論評したりした。

政治と宗教の関係ももちろん問題となり、「人倫国家」の考えに達した初期には、宗教を政治に従属させる考えに傾いたが、ついで宗教（キリスト教）を政治の彼方におく考え方におちつく。——そこで歴史における政治のうごき（諸国家の興亡）を宗教的に、神の摂理の顕示とみて世界史を解釈する、歴史哲学を考えるようになった。

そしてこのように宗教を人間世界の意味づけの最も包括的な見地として採ることは、哲学と宗教とをきわめて密接な関係におくことになる。ヘーゲルはかれの考えるキリスト教が、真理の想像力による表現（「表象の形における真理」）であり、それを「概念」的真理に高めたものが哲学にほかならないとすることになる。

さてヘーゲルはシェリングと平行に上のような考えを固めてゆき、かつ自然哲学についてはシェリングの考えを大体うけついで自分の体系にとり入れたのであるが、同時にヘーゲルはシェリングよりも周到な用意をもって、存在論を論理的に組織することにつとめた。形而上学の諸基礎概念の展開を論理学という形で示そうとした。かくてフィヒテの始めた肯定・否定・両者の綜合という弁証法的論理形式は、ヘーゲルによって、フィヒテとはちがった汎神論的見地から、一つのまとまった体系をつくり出すことになる。これはシェリングがかれの「同一哲学」においてもよくなし得なかった仕事であった。――そこで哲学的認識の重点は、ヘーゲルにとっては、シェリングのいうような知的「直観」にあるよりはむしろ「概念」的思惟にあることになる。ただその「概念」は具体的直観よりも貧しい抽象概念（「悟性概念」）でなく、「具体的普遍者」としての「理性概念」である、とヘーゲルはいう。そしてそういう「理性概念」に達する思惟の道が弁証法であって、或る全体的対象を「A」と規定することは、さらにその対象がAの規定をはみ出す内容をもつことが明らかになることによって「非A」という規定をよびおこし、結局その対象の全き規定は

「A」と「非A」との綜合によって達せられることになる。この綜合によって生じた概念がヘーゲルのいう真の「概念」なのである。そしてヘーゲルの論理学は同時に最も包括的な存在論であって、「最もゆたかな存在」（あらゆる実在性の全体）としての神を、上のような弁証法的規定においてとらえようとするものであった。ヘーゲルの論理学は一般存在論であって同時に哲学的神学なのである。

ヘーゲルの思想のうごきとその目指した点は上のようなものであった。そこでかれのよく整備された体系の構造を概観しよう。かれが世に問うた最初の大著は『精神の現象学』であって体系の第一部乃至体系への予備的考察として示された。これは第一に、意識の概念をもとにしてカント以後に試みられた、超越論的哲学を、ヘーゲル自身が再吟味して、かれみずからの体系の必然なることを示す試みであった。そこでカントにあてていえば、認識論と実践哲学との吟味から理性の形而上学にいたる過程を示すことになる。そして認識論は「意識」（感性と悟性）の論に、実践哲学は「自己意識」の論に、そしてヘーゲルの達した汎神論的形而上学の論は「理性」の論に示される。しかしながら第二に、ヘーゲルは現象学的吟味を上の「意識」・「自己意識」・「理性」の三段にとどめず、さらに具体的に歴史的世界観の諸次元諸類型の考察にすすめ、意識の現象学を世界観の現象学にまで延長した。これはすでにのべたようにかれが歴史的な宗教や政治形態についてみずからの思想をきたえて来た人であったからである。そこで「意識」・「自己意識」・「理性」につづいて、法と道徳との考え方の発展をギリシャ以来近世におよぶ歴史的視野において辿るところの「精神」の論が加わり、さらに同じく歴史に即した「宗教」の論（そこにはギリシャの宗教の叙述として「芸術」論が含まれる）が加わる。そして最後に、最も真なる宗教としてのキリスト教の真理の概念的把握としての哲学の立場、ヘーゲルの言葉では「絶対知」が説かれている。こうして現象学はやや錯雑した形においてヘーゲルの哲学の全体のスケッチを与え、かれの思想の発生状態を生々と提示しているのである。

ヘーゲルの体系の本論は、『論理学』（一般形而上学）・『自然哲学』（自然学）・『精神哲学』（広義の倫理学と美学・宗教哲学とをふくむ）の形に展開される。これを上の現象学の「絶対知」のもつ思弁的キリスト教的解釈に結びつけると、『論理学』は世界創造以前の神においてあるロゴスをのべ、『自然哲学』はロゴスが世界創造においてあらわれた形をのべ、『精神哲学』はキリストと聖霊の支配をのべていることになる。ヘーゲルの念頭にはこういうむかしのグノシス派に似た考えがあったのである。

『論理学』は三部に分たれる、「有論」・「本質論」・「概念論」。第一部「有論」では有・無・生成というような最も単純な規定から出発して、一般にものの一肢的規定、すなわち質や量の規定の型が示される。第二部「本質論」は二肢的関係規定、すなわち「同一と異他」・「本質と現存在」・「形式と内容」さらに「実体と属性」・「原因と結果」・「相互作用」などが示される。最後にあげた三つは、カント以来「範疇」の代表的なものとして問題にされつづけて来たものであるが、ヘーゲルは、すでにのべたように論理学が神の定義の展開であると見る見方に立っているから、たとえば「実体と属性」を考える場合でもスピノザが神を実体とした考えを中心において論じている（もちろん同様のことはほかのすべての規定についてもいえることである）。第三部「概念論」は「客観」と「主観」、両者の究極の統一としての「理念」についてのべる。これは自然（客観）と精神（主観）との統一の原型が論理学（神のロゴス）の中ですでに示されるということを意味する。客観と主観の関係そのものを論理的に全面的に規定することはカントが敢てしなかったことでありフィヒテにはじまる試みであったが、ヘーゲルにおいてそれはあらわな論理的体系として示されるにいたったのである。神は自己自身を思惟する理性そのものであるというアリストテレスの考えがヘーゲルによって採られている。

『自然哲学』では一般的な枠としてシェリングの考えをうけついでいる。第一に「力学」の部で時間・空間・物質・運動をあつかい、第二に「自然学」は光・熱・化学変化をふくみ、天体の光と運動からはじめて四元素を考えその一つである地（地球）上において磁気・電気・化学変化を考える形になっている。伝統的なアリストテレス自然学がとり入れられている。第三に「有機的自然学」は生命をあつかい、形態・同化（感覚や欲求をもふくむ）・生殖を論じている。ヘーゲルはこれらの論の展開において普遍・特殊・個別という論理的秩序をつけており、それがシェリングを一歩出たことであるとみずから誇っている。

『精神哲学』がヘーゲルの独創に富んだ部門であることはいうまでもない。三部に分たれる。「主観的精神」・「客観的精神」・「絶対的精神」。第一部「主観的精神」論はまず生命に直接した人間精神の相（たとえば感情や習慣）を「人間学」として示し、ついで意識の諸相を「現象学」でのべ、最後に「心理学」で理論的精神・実践的精神を考える。

第二部「客観的精神」論は、「法」・「道徳」（主観的個人的道徳）・「人倫」（社会的道徳）の三部に分れる。このうち第三の「人倫」の論がすでにふれたヘーゲルの政治哲学・歴史哲学をふくむ。人倫の発展段階は「家族」・「市民社会」・「国家」にあり、ここでヘーゲルは近世の政治と社会の根本的な問題にふれる。自然的な共同社会としての家族が分裂して各個人がその私利を追及する市民社会（「欲望の体系」という特徴づけがなされている）が成立し、そこに貧富の差・階級の別が生じ、新たな共同社会的統一が要求される。この要求をみたすものは国家であって、市民社会の中にすでに全体の秩序を維持するための「警察」と、「第二の家族」ともいうべき部分的な共同社会的統一としての「職業組合」が生れており、この傾向が完全な全体的な統一に達したものが国家なのである。国家において個人の自由と全体の権力との全き統一があるという。そしてヘーゲルは諸政体の中で立憲君主政が最上と考えている。

ところで客観的精神の最後の場は、諸国家が働き合って現わす「世界史」であって、個個の社会と政治との意味は、世界史における神の摂理(それが世界史における「理性」である)において読みとられる。シラーのいったように「世界史は世界審判である。」そしてこの摂理の秩序は個人の主観的な意図をこえてはたらく。ケーザルやナポレオンのような「世界史的個人」の主観的情熱を、理性は、かれらの意図とはちがった結果にみちびくのである(「理性の狡智」といわれている)。——世界史の動きは「東洋世界」の実体的統一を起点とし、古代「ギリシャ・ロマの世界」(ギリシャの世界は有限な美的個性を、ロマ世界は抽象的一般性と主観性とを示した)を介して、「ゲルマン的(キリスト教的)世界」において主観性と実体性との統一に至っている。これを個人の政治的自由ということから見ると、東洋世界では「一人」が自由であり、ギリシャ・ロマ世界では「若干の人間」が自由であり、ゲルマン世界では「すべての人間」が自由である(東洋の専制政治・ギリシャ・ロマの奴隷制の存在などを考えている)。世界史は「自由の意識における進歩」である。

精神哲学の第三部「絶対精神」論は「芸術」・「宗教」(ヘーゲルの解する「キリスト教」)・「哲学」に三分される。キリスト教と哲学との関係(「表象」と「概念」との関係)をヘーゲルがどう考えたかについてはすでにのべた。ところで、キリスト教が一方世界史の意味づけの原理であって他方哲学的真理の「表象」における表現であるゆえ、哲学の歴史は、哲学の真理そのものの時間的展開にほかならず、内容上は哲学と哲学史とは一致することになるであろう。ヘーゲルは哲学史が絶対精神の真理の最も直接な顕示過程であると考え、かれ自身の論理的範疇展開の順序と形而上学の歴史的発展の順序とを時に同一視している。これは独断的な無理な主張であるが、哲学の歴史に、哲学の真理そのものの見地から、自律的な意味を与えることを、ヘーゲルがはじめて試みたのである。かれが哲学史の祖でありかれの学派からその後すぐれた哲学史家が出たのも偶然ではない。歴史に現われた諸哲学について、単に社会的心理的な外的な条件を考えるのでなく、諸哲学そのものの間に真理の見地からの内面的関係乃至発展がはっきりみとめられるのでなければ、哲学史は独立の学問として成立しない。ただヘーゲルはそういう内面的関係を全体に互り絶対的に主張することを敢てしたのである。

ショーペンハウエル

ショーペンハウエル

ドイツ観念論の最後に位置するのはショーペンハウエル（Arthur Schopenhauer, 1788–1860）の哲学である。ショーペンハウエルは一時ベルリン大学の講師となったことがある（一八二〇年）が、当時は世に知られず、晩年一八五〇年代になってはじめて注目されはじめた。それもはじめヘーゲル哲学のようなキリスト教神学を背景にした保守的哲学に対する批判者として挙げられ、その後にそのペシミズムの世界観によって多くの人を動かしたのである。けれども主著の完成は一八一八年であってかれの思想はヘーゲルの後半生と平行に形成されたのであり、かつカントから出発して独特な仕方で達せられた形而上学として、やはりドイツ観念論の系列に入れることができる。

前章でカント哲学からフィヒテ哲学にうつる中間にカントの全哲学を意識の理論として統一したラインホルトのことをのべたが、そのラインホルトと同じ時期に、カントからフィヒテのような形而上学に行く道とは反対に、むしろカントからヒュームへ、経験論の方向へ進んだ人々がドイツにもいた。その一人にシュルツェ（Ernst Schulze, 1761-1833）があり、カントがヒュームの経験論・懐疑論を克服していないという趣旨の論を書いた（『エイネシデムス』一七九二年）。このシュルツェがショーペンハウエルの哲学の師であった。そしてショーペンハウエルは結局シュルツェと異なって独特な形而上学に進むのであるが、カントの認識論の解釈ではフィヒテ以下の人々とちがって経験論に近い考えをとっているのである。イギリスの経験論者及びフランスの観念学者《イデオログ》がショーペンハウエルの思想の形成に与かって力があったのである。

ショーペンハウエルによればカントの哲学の最大の意義は物自体と現象との区別、そして現象がわが表象であること、をのべた点に存する。それはこの世界が「幻影」（maya）であるとしたインド古代の思想、またプラトンの哲学、の再現である。われわれの世界認識は現象すなわち表象を、思考によって秩序づけた結果にすぎない（ショーペンハウエルはそういう思考の形式的原理を「理由の原理」として一括しその中に、第一に論理的な理由の原理、第二に時空の直観をふくむ数学的な理由の原理、第三に自然における因果法則、第四に表象が意志を動かすという動機づけの法則、をふくめた）。

しかしながら「世界はわが表象である」といっても、そういう表象（現象）の基礎に物自体（本体）があることを何人も疑わない。ではそういう自体的存在への通路はどこにあるか。ショーペンハウエルはそれをわれわれの行為における意志体験に見出す。われわれの行為も外から理論的に見れば、身体という一つの対象の運動であり、「表象としての世界」の一部にすぎないが、行為するわれ自身の経験において内的に感知される意志作用は「表象としての世界」をこえた「物自体」に属する、とショーペンハウエルはみとめる。――この点がかれの考えの独特な点であるがそれは問題をふくむ。上述のように表象世界の秩序原理である「理由の原理」には「動機づけ」ということが含まれており、その限り意志作用も心理現象として一つの現象であってこれが物自体を示すとはいわれない。カントも内部感覚によって知られる自己は現象であって物自体ではないといった。しかるにショーペンハウエルは、やはりカントのもう一つの考え方、すなわち実践的主体としてのわれは物自体である、という考えに従い、しかもその実践ということをカントとはちがってどこまでも身体（かれは「身体」を「直接な対象」と呼んで通常の外感の対象「間接な対象」と区別する）に即して考えようとする。そういう意味での実践における内感が、物自体の形而上学的世界への進入の拠点になるとショーペンハウエルはみとめるわけである。デカルトにもどしていえば、「心身合一」の体験すなわち「力」の体験が、ショーペンハウエルでは形而上学への門となっているのである。

そこで「意志としての世界」が、少なくともわが身体的行為の内面においてとらえられる。そしてこれを類比によって世界全体にひろげ、すべてを意志の客観化と見ることができる。その際生命の世界、植物や動物や人間の生が視野の中心に来ることはいうまでもない。かくてショーペンハウエルはシェリングやヘーゲルの自然哲学の見方に近づいたといえる。しかしかれはこの意志の世界に目的性と調和をみとめることを拒む。意志はむしろ昔ホッブスが考えたような、たえず不満で限りなく満足をもとめてうごく盲目的な力である。世界は自らの満足をもとめ他を排する利己的意志の争いの場である。

人間の行為の世界も同様であって、各人のエゴイズムが争っている。ショーペンハウエルは人間の意志の自由を否定し、各人の行為は習慣と性格とにより決定されると見た。そしてこういう人間の実践世界にカントの考えるような理性的道徳法則は無縁である。一般に道徳を規範法則によって考えることにショーペンハウエルは反対する。カントのような考えは、キリスト教の人格神の存在を前提しそれの人間に対する命令として道徳を解する立場からのみ意味があるのであって、命令者応報者としての神が前提されぬ場合は無意味である。

それでは人間の行為はすべて利己的であって道徳的利他的行為は現になくまた可能でもないか。ショーペンハウエルはそうは考えなかった。個別的な意志が相争うことは、世界の実体である全体としての意志に目を開かれた者から見れば、意志の分裂であり自滅である。この形而上学的洞察は、道徳的世界において、おのずからなる同情・同苦の感情として時にあらわれる。慈悲の心に動かされた利他的行為がある。道徳的に善き行為とはこれをおいてほかにないのである。

このショーペンハウエルの考えの底には、盲目的な利己的な意志からの解脱の可能性が前提されている。かれはその可能性を第一に芸術的観照において、第二にインドの宗教の考えにおいて、見出した。㈠芸術作品においてわれわれは利害の関心をはなれ、理念《イデー》を見る。芸術の観照がわれわれを意志のエゴイズムから解放する。特に音楽はそれ自身意志の直接なことばを語ることによって意志の世界全体の形而上学的洞察を与える。㈡宗教ではキリスト教のような人格神論の考えでなく、インド宗教の汎神論がまさに苦の世界からの解脱を教えている。仏教の説く涅槃《ねはん》が真の自由を意味する。ショーペンハウエルは西欧においてすでに起こったギリシャ・ロマの思想の復興につづきインド思想のルネサンスがあるべきだと考えた。

IX 啓蒙主義とロマン主義――フランスとイギリス

ドイツ観念論の諸体系が現われた時期は十八世紀末から十九世紀はじめにわたり、大陸ではフランス革命、ナポレオン戦争、王政復古の時期であり、イギリスでは産業革命が進行した時期である。そしてフランスやイギリスでは、思想の上で啓蒙主義とロマン主義との交錯がドイツとはちがった相を示した。それを見ておかねばならない。

メーヌ・ド・ビラン、ド・ボナール、サン・シモン

フランスでは、コンディヤック、ダランベール、コンドルセの考えをうけた「観念学者《イデオログ》」の仕事があった(「観念学《イデオロジ》」とは諸観念を分析してその源を感覚的経験に求める理論のことである)。代表的な学者はデステュット・ド・トラシ(Destutt de Tracy, 1754-1836)とカバニス(Pierre Cabanis, 1757-1808)である。ド・トラシは観念連合の原理による心理学者であって、特に外界の知覚の成立の条件として身体の運動・努力の感覚が重要であることを主

張した。カバニスの方は生理学的な問題に関心し、心身関係を考え、特に内部感覚とその生理とを重視した。

この「観念学」から出発して独特な唯心論にいたった者はメーヌ・ド・ビラン（Maine de Biran, 1766–1824）である。(一)色が「見える」とか音が「聞える」とかいう受動的な「感覚」に対して、物を「視る」とか「聴く」とかいう能動的な「知覚」があり、これは運動・努力の感をふくむことを、すでにコンディヤックやド・トラシが注意したが、精神のこのような受動性と能動性との二面は、そういう活動のくりかえしによって生ずる「習慣」においてもあざやかにみとめられる。受動的感覚の方はくりかえしによって弱まり消えるが、能動的知覚の方は強まりはっきりする。習慣は受動を弱め能動を強めるのである。このことは心像についてもみとめられ、受動的な思い浮べ（想像）は習慣によって消えるが、能動的な想起（記憶）は逆にはっきりする。人為的記号（言語）を用いる思考能力（悟性）においても、受動的習慣によって一方では記号は自動化・機械化するが、他方能動的習慣は記号の自由な駆使の力をつよめる。メーヌ・ド・ビランはこのような能動的習慣の形成ということにおいて、精神の能動性・自発性を、観念学

メーヌ・ド・ビラン

者たちよりも、ふかくとらえた。㈡そこで観念学の唯物論的見方に反対して精神のはたらきを根本的な事実とする考えが出る。「原始的事実」は「私がはたらく」という努力の意識にある。そしてこの事実において、実体性・因果性というような範疇の成立の基礎がみとめられる。「真の原因はわれである」。メーヌ・ド・ビランはフィヒテに似た考えにいたるのである。㈢けれども個別的な「私のはたらき」の事実において直接にとらえられる範疇形式がこの個別的事実をこえて普遍的にすべての事物にあてはまるのは何故か。この普遍性は「知」られているのでなく「信」ぜられている、とメーヌ・ド・ビランはみとめる。そしてこの点をさらに反省することを通じてかれは、人間精神をこえる神的精神が真理の座であり、人間精神は神から真理をうけとる、と考える形而上学に達する。結局人間精神は神と自然との中間に位置し、霊的活動によって神の中に自らを没することも、また感覚と身体を通じて物質的自然の中に自己を失うことも可能な、中間者なのである。かくて「霊的生」・「人間的生」・「動物的生」という生の三段階が見出される。メーヌ・ド・ビランは最後にキリスト教的神秘主義にいたったのであった。

メーヌ・ド・ビランは孤独な思想家であったが、時代の問題は革命の後の政治的・社会的秩序をいかにたて直すかにあった。このとき復古的ロマン主義はカトリック宗教の権威にもどろうとし、啓蒙主義は社会主義に向おうとする。前者は、「伝統主義者《トラディショナリスト》」ド・ボナール（de Bonald, 1754–1840）らに見られ、後者はサン・シモン（Saint-Simon, 1760–1825）

の考えに代表せられる。

ド・ボナールによれば、遠く宗教改革にはじまる個人主義の誤りが大革命の混乱を生んだのである。そこで社会が人間性の本質に属し、歴史的伝統が権威をもつことをみとめて出直さねばならない。人間ははじめから社会においてあり、社会には支配と服従との関係がはじめからある。その社会には二種あり、一は人間相互の社会、一は人間と神との社会である。人間相互の社会の原型は家族であって、そこでは父が権力をもち、母は役人の位置にあり、子が人民にあたる。そして多くの家族の統一が国家であって、世襲君主・役人・人民の秩序が示される。さてすでに家族において、神と人間との社会もあらわれており、父は聖職者の位置にあり神に対する犠牲を司り、母や子は信者にあたる。これを国家の段階において示すものがカトリック教会であり、そこでは神はキリストとしてあらわれ、聖職者と信者とが神に服従するのである。

このように中世の社会への復帰を考えることは同時に中世以来の教会と国家との問題を社会理論の中にもちこむことであって、伝統主義者の間でもこの点について意見の一致はなく、結局専ら世俗的社会の有機的秩序をどう再建するかということに問題の焦点があったのである。そしてそれには革命の意義をまずはっきりみとめた上で新たな策を考えるよりほかはない。サン・シモンの着想はそういう方向を示した。

サン・シモンは社会の再組織のために、(一)新たな精神的権威を実証科学に求むべきであると考える。中世の神学や近世はじめ以来の形而上学にではなく、科学に真理をみとめてこれを社会の改造の理論的基礎とすべきである。㈡その真理を社会に実現する者は、もはや封建的支配者ではありえず、産業家でなければならぬ。産業家という中には企業家とともに労働者がふくまれる。権力はこれらの人々に帰すべきである。㈢しかしこうして秩序ある社会をつくるには、知性のみならず感情、人類愛の感情がはたらかねばならない。社会的連帯の感情が個人の私利の追求にうちかたねばならない。これは新たな宗教にいたることであるとともに、企業家が資本の私有により労働者を搾取することを禁ずる社会主義に近づくことであった。——このサン・シモンの着想は弟子の間に一種の汎神論的宗教運動を生んだが、かれの思想体系そのものは、やはり一時かれに師事したオーギュスト・コントによってさらにととのった形で展開せられることになる。

サン・シモン

リード、プリーストリ、バーク、ベンサム

フランス革命前後のイギリスの思想のすがたはどうであったか。ここではロマン主義は専ら詩人・文学批評家（ワーズワースやコールリッジのような）に見出され、そしてそこに

はドイツ形而上学の影響も見られたが、思想の主流は十八世紀以来の啓蒙主義であって、ドイツの形而上学・フランスの伝統主義と平行してイギリスに現われているのは、ベンサムやジェイムズ・ミルの功利主義であった。――これはイギリス自身の政治的社会的状況から理解できる。イギリスはすでに十七世紀に市民の政治革命を経験し十八世紀後半から十九世紀はじめにかけては経済革命（産業革命）を進行させつつあった。そしてこれにともなう法律や政治体制の改革の要求が啓蒙主義としてあらわれているのである。この時期のイギリスにおいて古典的経済学が形成されたことも同じ事情によることである。

トマス・リード

　上のような事情を念頭においてあらためて十八世紀後半から十九世紀はじめまでのイギリス哲学の動きを見ると、まずヒュームの懐疑論に対する反撥がトマス・リード（Thomas Reid, 1710–1796）以下の「スコットランド学派」にあらわれている。リードは第一に、バークリ、ヒュームの主観的観念論が、われわれの意識の直接の対象を物でなく観念であると考えることから生じる必然の帰結である、と見、この前提を否定して実在論に立つ。心の第一次的対象は実在する物それ自身である、と考える。ところで第二に、われわれの心は、ロック以来考えられたような「白紙」の状態で経験をうけ

プリーストリ

とるのでなく、「常識《コモンセンス》」という枠をはじめから具えており、それが論理や数理や価値規準を与えるのである。この点からリードの哲学は「常識哲学」ともよばれる。ヒュームに対するカントの反駁に比してこのリードの反駁はやはり英国的である。

しかし英国の哲学の主流はやはりこの時期でも自然主義的であって、ヒュームの同時代人のハートリ（David Hartley, 1705–1757）が物質と精神との平行論の上に立てた観念連合の心理学を、唯物論の見地から継承したプリーストリ（Joseph Priestley, 1733–1804）が出ている。プリーストリは唯物論者であり、自由意志を否定する決定論者（当時「必然論者」といった）であったが、カルヴィニズムのキリスト教を信じつづけた。かれの考えでは、ギリシャ哲学に影響されぬ前の真実なキリスト教は唯物論的であったのである。

なおフランス革命が起こったとき、バーク（Edmund Burke, 1729–1797）は、社会を人為の産物でない有機的統一体とみる保守的見地から、革命に反対したが、プリーストリはじめ非国教徒の思想家たちはバークを駁して革命を声援した。

同じく啓蒙主義の立場から立法論・道徳論を功利主義として体系づけた法学者がベンサ

ム（Jeremy Bentham, 1748-1832）である。ベンサムの功利主義の枠はフランスの啓蒙主義者エルヴェシウスからうけつがれた。人間のあらゆる行為の動機が、快（幸福）を求め苦をさけるところにある、と前提し、そういう個人をして公益を目指させるための手段として、適切な立法による賞罰を課する、というのがエルヴェシウスの考えであった。ベンサムはこの考えをもとにして、エルヴェシウスが「公共の善」（社会の善）といったものを「最大多数の最大幸福」と規定し、これを「功利性の原理」と呼ぶ。

或る行為が正しいということは、その行為が影響を与える人々の間に最も善き結果を生むということである。ところで善とは快楽（幸福）に外ならず、一個人における最大の善とは最も強度な快である（「最大幸福」）。そして或る行為が、そういう最大の快を、その行為に影響される人々の最大数において生むならば、すなわちその行為が「最大多数の最大幸福」を結果としてもつならば、その行為は正しい行為なのである。ベンサムはこのようにして行為の正邪の客観的な規準を得たと考え、行為の結果として生ずる快苦を計算することによって正邪の判定が可能であるとする。そしてこれが「道徳」の原理でもありまたエルヴェシウスの考えたように「立法」の原理でもある。

バーク

ベンサム

ベンサムの「功利性の原理」は、既存の法制の批判と改革のために大きな役を演じた。もっともベンサム自身は書斎の人であって体系を考えただけであったが、晩年にジェイムズ・ミル(James Mill, 1773-1836)が弟子となり経済学者リカードや歴史家グロートなどをふくむ学者の一団(「哲学的急進主義者」とよばれる)が生じ、「選挙法改正」や「穀物保護関税撤廃」などの時事に働きかけたのである。

しかしながら、功利主義理論そのものは内的な困難をもっている。㈠行為の正邪の客観的判定の原理が「功利性の原理」によって与えられるとしても、行為する個人の動機はベンサムの考えるようにあくまでも私の快楽を求めるのであるならば、その個人が、自己のみでなく他人をふくめて最大多数の人の幸福を、自己の行為の動機とすることはどうしてできるのであろうか。自利から利他への飛躍はどうして可能か。適切な法による人為の制裁(賞罰)が自利を利他に一致せしめる工夫であるとしても、少なくともそういう法の立法者だけは、そういう法の制裁なしに自利をこえて公益を目指しうるのでなければならない。㈡さらに個人の善が最も強度の快楽にあるという点も問題である。さまざまな質的にちがった善がある。それをすべて快楽だといっても質のちがいはなくならない。或る種の精神的な快は身体的な苦痛乃至禁欲によってのみ達せられるであろう。善は快楽につきるかという古来の問題がやはりここでも残されているのである。――このような点はジェイムズ・ミルの子ジョン・ミルによって考慮され、功利主義は緩和された形をとることになるのである。

X　十九世紀の哲学（その一）

ドイツ観念論と、同じ時期のフランス、イギリスの哲学とを見たことによって、われわれはすでに十九世紀のはじめ三分の一に入りこんでいる。その後の哲学の進みを見よう。次の三十年間にフランスとイギリスとは、前章でのべた状況をそのまま展開していった。フランスではコントの実証哲学、イギリスではジョン・ステュアート・ミルの実証論・功利論が、目立った体系を示す。啓蒙主義の精神が新たな形をとるのである。

ドイツでもはやり啓蒙の精神の再生があった。しかしそれはロマン主義に対する反動として、フランスやイギリスよりも激越な形になった。ここでは一八三〇年前後がはっきり思想史の転機を示した（七月革命〔一八三〇年〕とヘーゲルの死〔一八三一年〕）。啓蒙時代の宗教批判がヘーゲル学派の中に再現され、フォイエルバッハの唯物論を生む。同じ状況からマルクスの史的唯物論が生れる。

さて十九世紀の最後の三、四十年間には、上のような唯物論的傾向とならんで唯心論的傾向が再び現われたと大まかにいえる。フランスの新唯心論、イギリスのヘーゲル主義、ドイツの新カント主義などがそれである。しかしこの時期（序でにいえばこれはもう日本の明治時代である）は科学の著しい分化がはじまった時期であってそれが哲学の問題意識の中に深く入りこんで来ている。それで唯心論的傾向といっても、ここでは科学の方法と成果とについての顧慮がいつもくっついており、また哲学自身の歴史についての反省が入っている。

自然科学では十九世紀に入ってから「生物学」が真に科学的なものとなった（特にダーウィンの進化論〔一八五九年〕が思想史的事件であった）。世紀後半には「心理学」が実験科学になりはじめる。かつ自然科学の基礎学である物理学でも、電磁気の理論が世紀前半にでき、これとニュートン力学との関係が問題となってゆく。――人文科学でも、生物学に促されて人類学や社会学が発展したが、特に、ロマン主義の生みだしたものとしての歴史学は大きな意義をもった。哲学の歴史もこのときはじめて自覚的に吟味されはじめ、世界観の多元性・相対性の意識が深められるとともに、西洋以外のインド・中国などの思想の理解が西洋自身の中に生ずることになるのである。

およそ上のような性格をもつこの時期の哲学をわれわれはフランス、イギリス、ドイツの順に次々に概観することにする。

コント、ルヌーヴィエ

フランスではオーギュスト・コント（Auguste Comte, 1798-1857）の「実証哲学」がまず注目される。――コントはサン・シモンと同じくフランス革命後の社会の有機的秩序の再建を目ざして、その精神的原理を、諸科学の哲学的綜合にもとめる。まず人間精神の進歩の段階を三つに分つ。第一に「神学的・虚構的状態」すなわち事実の説明原理として超自然的な神々や神の意志を採っている段階、第二に「形而上学的・抽象的状態」すなわち原因・力という抽象的存在を説明原理とする段階、第三に「科学的・実証的状態」すなわち事実そのものの示す法則によって事実を秩序づける段階である。これを歴史についていうと、第一の神学的段階は中世までのあらゆる時期をふくみ、このとき社会は有機的な秩序をもった社会であった。第二の形而上学的段階は、中世末以来フランス革命までをふくみ、個人主義的批判的精神を生み、その社会状態は不安定な推移の状態を示し、それが革命において最も著しい分裂状態におちいったのである。そこで第三の実証的段階において、実証諸科学を哲学的に綜合し、かつその最も具体的な成果としての社会学（「社会の物理学」）を得て、これを用いて、新たな有機的社会の再建に向うべきなのである。

コントは諸科学を、最も早く実証的段階に達した「数学」からはじめて、「天文学」・「物理学」・「生物学」と辿り、最後に「社会の物理学」に達する。これは歴史的系列であるとともに、単純なものから複雑なものへという論理的順序にもなっている。そして各科学についてかれ自身の立場から解釈と批評を試みているが、目標はどこまでも人間社会の再組織ということにあり、この見地から各科学の内容についても制限を加える。「数学」では物理数学のみが大切と考え、かつ確率の計算などは無益とする。「天文学」はわれわれの世界から遠い恒星のことなど問題にすべきでなく、「物理学」では物理光学での光の波動説と粒子説との是非など無益な議論であり、「化学」では「原子論」は無用であり、「生物学」では生物体を分析して「組織」以上に「細胞」まで考える必要はなく、また「進化論」も考える必要がない、という。

オーギュスト・コント

「社会学」は、生物学での「形態学」と「生理学」に平行して、さまざまな社会の構造を考える「静学」と社会の変化をとらえる「動学」とをふくむ。静学は「秩序」を論じ、動学は「進歩」を論ずる（はじめにのべた三段階の法則は動学で説かれる）。十八世紀の学者ではモンテスキューが「社会静学」に貢献し、コンドルセが「社会動学」に貢献した。そしてコンドルセは「進歩」のみを強調したが、改めて「秩序」をも考えねばならず、この点では「伝統主義」にも学ばねばならない、とコントは考える。

コントは個人主義をすてて団体主義をとるのである。

さてコントはこのような実証科学の哲学的綜合に達した後、これをいかに社会の再建に役立てるべきかの問題にうつり、「実証政治学」を考える。サン・シモンの考えたように科学的知見を産業家の手によって実現すべきであるが、コントは企業家よりは労働者・婦人に訴えようとする。そして、知性に感情を加え、「愛」(利他主義)による人間の共同を「人類の宗教」として実現しようとする。「愛」を原理とし「秩序」を基礎とし「進歩」を目標とする、という(「秩序」と「進歩」とに「愛」を加える)。伝統的宗教が「神」を礼拝し「不死」を望むのに対して、「人類」という偉大なる存在へ帰依すべきであり、個人の不死性も人類の記憶の中に求むべきである、と考える。そしてコントはこの「人類教」の教義や儀礼を考案したが、それはカトリック・キリスト教を想わせるような形になっている。

コントの前期の仕事すなわち実証科学の哲学的綜合と後期の実証政治学(人類教)との間には一種の矛盾があり、かれの前期の実証主義に同感した人々ルナンやテーヌやジョン・ミルらも、後期の人類教には帰依しなかった。そしてこのことは、コントが社会を全体主義的に考え個人性を否定する傾向を示したこと、またかれの歴史観(三段階の理論)が独断的であるということ、に対する反対でもあった。

そういう点からコントに反対し、カントの批判主義を新たな形で主張した者はルヌーヴィエ（Charles Renouvier, 1815–1903）である。ルヌーヴィエは共和主義者として二月革命（一八四八年）後しばらく政治にもたずさわったが、一八五一年以後はもっぱら著述に従った。カントにおける「物自体」の形而上学的仮定をすてて現象的事実のみを考え、それの範疇の体系を考える。範疇とは、最も一般的には、事実に見出される「関係」のことであり、これを次々に具体化して「数」・「位置」（空間）・「継起」（時間）・「性質」・「生成」・「因果性」・「目的性」・「人格性」の八つの範疇が得られる。各範疇は、カントにおいてすでに見られヘーゲルが強調したような、定立・反定立・綜合という三つの形を示す。「関係」一般においては区別・同一・限定があり、「数」の範疇においては単位（統一）・多数性・全体があり、「位置」においては点（極限）・空間（間隔）・延長があり、「継起」においては瞬間・時間・持続があるなど。最後の「人格性」の範疇には自我・非我・意識の三つが属する。

ルヌーヴィエはこのような範疇的規定をもつ現象世界の絶対的全体はとらえられぬと考え、カントにおける「世界」についての有限・無限のアンチノミーに関して有限・相対の側を採る。そして哲学の中心問題は最後の人格性の範疇についての分析にあると見、結局「自由意志」の肯定にいたる。因果的決定と自由意志との対立が哲学の最も大切な問題であり、ルヌーヴィエは因果的決定の支配する現象世界の真理の確実性そのものが主体の自由意志によって支えられている、という解決にいたる。しかもこのことは現象世界そのものを無限でなく有限であると見ることによって可能なのである。世界を無限な全体とする汎神論をしりぞけて世界を有限とみることが、自由人格の肯定を可能にするのである。

このような人格主義の観念論にもとづきルヌーヴィエは、コントに見られるような社会の全体主義的考え方に反対し、また歴史を一筋の進歩の線でとらえることにも反対して、進歩の系列を多元的に考える歴史観にいたったのであった。――ルヌーヴィエの新批判主義つまりカント主義は、ドイツ観念論がカントから汎神論的形而上学に進んだのとは反対に、カントの形而上学批判の精神を反形而上学的な方向に徹底し、かくすることによって個人の自由な人格の意義を強調しようとするものであって、この精神は、フランスのカント派の人々はもちろん、ドイツのカント主義によってもうけつがれるであろう。

ラヴェッソン

さてこの時期のフランスには、上の実証主義・カント主義の哲学とならんで、メーヌ・ド・ビランの内省的な唯心論をうけつぎ同時にシェリングやヘーゲルからも影響された「新唯心論」の哲学者が一つの流派を形成した。これはラヴェッソン、ラシュリエ、ブートルーにあらわれ、さらに世紀末から次の二十世紀にかけてベルグソンの哲学を生み出すことになる。これらの人々は、ロマン主義の形而上学につながる人々であるが、シェリングやヘーゲルのように形而上学を論理的に体系化することには向わず、事実についての反省と分析とに努め、或る人のことばでいえば「実証的形而上学」を目指したのである。これはこの章のはじめにのべた十九世紀哲学の特色、つまり科学のあつかう事実に忠実に、批判的配慮を忘れぬ、ということを示している。

先頭に立つラヴェッソン（Félix Ravaisson, 1813–1900）はアリストテレス主義から出発する。ギリシャ初期の自然学者の唯物論的見方や物をはなれた論理的形相を原理とするピタゴラス、プラトンの考えでなく、具体的な自然の存在者において形相を直観し生命の調和を感得することが真の哲学であると考える。ところでアリストテレスは個体の質料と形相とを潜勢と現勢との関係として動的に理解し、特殊な潜勢状態として習慣というものを考えた。ラヴェッソンはこれを、メーヌ・ド・ビランにおける習慣の能動性と受動性とについての考えに結びつける。そこでビランの内省の哲学が宇宙的生命の解釈にまでひろげられる。

ラヴェッソン

或る変化のくりかえしによってその変化への傾向が生れる。それが習慣である。これは無機の自然における変化にはみとめられないが、植物的生命にすでに或る程度みとめられ、動物的生命に進めば、動物がうける受動的感覚がくりかえしによって力を弱め逆に能動的運動は力を増すことが見られる。さらに意識的生命にいたるとそのすべての段階について習慣の二面性がはっきり知られる。ビランが見た「感覚」と「知覚」とにおける習慣の効果がみとめられる。観念の連合の基礎にも習慣がある。そして意識においてはわれわれはもはや習慣の二面性を外から確認しているのでなく「習慣そのもの」を内から直観できるのである。それは「一種の不明瞭な能動性」であり、「同時に受動的で能動的な自発性」であり、意識の基底において「観念」が「存在」に化したものなのである。

そこでこの習慣の原理をもって改めて人間的生命の全体を理解できる。たとえば神秘な本能も習慣の極限として理解できる。それは精神によって貫かれた自然なのである。そしてさらに動物的生命や植物的生命、結晶にいたるまで、精神の光の分散の諸相として理解しうる。諸々の存在段階は自然（必然）から精神（自由）へと螺旋形を画いて形成されているが、習慣は、精神から自然へわれわれを降りゆかせ精神の起源にまでわれわれを導いてゆくのである。

ラヴェッソンはこのような生命形成の理解によって芸術美をも解釈し、また全自然を動的生命の一種の習慣と見てそこに神の自己抛棄、恩寵を感得する宗教哲学にいたったのであった。

ラシュリエ

ラヴェッソンにつづいてラシュリエ（Jules Lachelier, 1832-1918）はラヴェッソンとはことなりカントの立場から出発し、意識において存在を構成しようとする。そして第一に機械的因果性の次元を立てるが、しかし具体的な存在者は多くの因果系列の交わるところに因果系列の体系的統一として成立するのであり、そういう体系的統一は機械的因果性を越えた目的性の原理を要求する。すなわち目的性の次元が存在の第二次元である。——ところでラシュリエは、さらに意識そのものが「自由」として存在の第三次元をなすと考える（ラシュリエはこれら三つの次元を線・面・体になぞらえ、また述語〔一般〕・主語〔個別〕・連辞になぞらえた）。かくて意識は、存在そのものが自発性の発展の極に自己を見るにいたった姿である、と解釈される。ラシュリエはカント的観念論から出発しながら、やはり唯心論的形而上学に帰するのである。

ブートルー

最後にブートルー（Emile Boutroux, 1845-1921）はこの派の人々の中では最も包括的な科学批判を試み、論理的世界・力学的世界・物理的化学的世界・生物学的世界のそれぞれにおいて支配する必然性が絶対的ではなくて偶然性を容れていること、そしてこれら各存在段階相互の間にも、後なるものは先なるものに帰しえない偶然性を次々に発現させていること、を確かめる。そしてこのような偶然性が、消極的な無法則性でなくて、まさに目的性を示し、それが存在段階を上るにつれていよいよ明らかになって来ている、とみとめる。偶然性は世界の美的調和をあらわして来るのである。

さらに、上のような世界の科学的認識の見地をこえて道徳的行為者として世界に対するとき、われわれは世界をこえた神的生命に接する。そしてラヴェッソンが考えたように、有限な世界をいわば神的生命の習慣として解釈することができるのである。

XI　十九世紀の哲学（その二）

　さて同じ時期のイギリスの哲学を見ると、まずフランスのコントとならんで広い意味での実証主義に立つ哲学者ジョン・ミル（John Stuart Mill, 1806-1873. ジェイムズ・ミルの子）が指導的思想家であり、少しおくれて進化論の哲学をスペンサー（Herbert Spencer, 1820-1903）が展開する（わが国でも明治時代のはじめにミルとスペンサーがさかんに読まれた）。そして一八七〇年代になると、ドイツのカントやヘーゲルの考えがイギリスの哲学に導入されるのである。

ジョン・ミル

　ジョン・ミルはベンサムや父ミルの功利主義によって育てられそれを自分のものにした。ベンサムの著『立法の原理』を読んでみずから一つの統一的人生観をもちえたと十五歳のミルは感じた。けれども二十歳の頃一種の精神的危機を経験する。かりに功利主義の原理

ジョン・ステュアート・ミル

にかなった諸制度が実現されその考え方が人々の心を支配したと仮定して、そこにみずから喜びと幸福とを見出しうるか、とミルは自問して、「否」と答えざるをえなかった。知的計画の実現のみでは満たされぬ感情の諸次元が人生にあることをミルは知るのである。これ以後、かれはロマン主義にも同感し、ワーズワースの詩を愛し、コールリッジの思想の意義をみとめ、サン・シモン派の人々の宗教運動にも同感する。けれども結局は最初に達した啓蒙主義・自由主義の考えの枠をミルはもちつづけ、そこからロマン主義ならびに社会主義の提出する問題にも誠実に対処しようとしたのであった。

ミルの仕事は、第一に、イギリス経験論の伝統の上に立って方法論的論理学を形成したことである。――伝統的三段論法による演繹推理では、前提にふくまれぬ新たな真理を結論が与えるということはない。それは同語反復《トートロジー》である。そして三段論法の第一格第一式の推理「すべての人は可死的である。ソクラテスは人である。故にソクラテスは可死的である」において、ミルは二前提の中特に大前提に注意し、これと結論との関係について考え、結論が大前提によって理由づけられるというよりも逆に、もともと大前提は、結論の示すような個別的事実の多くをもととして立てられている筈である、と考える。そこで真に「推理」の名に値するものは、個別的事実を表現する命題から一般的法則的命題にいたる「帰納推理」でなければならないことになる。これは、ロック以来の経験論が複雑観念の起源を、知覚に与えられる単純観念に求めたことを、方法的論理的にいいあらわしているのである。

ミルは特に因果関係（時間的に継起する事実間の法則的関係）について、「事実」から「法則」へすすむ帰納の手続きを規定した。これは、たとえば燃焼の原因を求める場合に、多くの事例を集めて、燃焼の十分条件をさまざまにもとめ、ついでこれに限定を加えて、必要かつ十分な条件をつきとめる、ということであった。そしてベーコンがすでに示した「現在表」・「不在表」・「程度表」の考えが、ミルにおいて「一致法」・「差違法」・「共変法」およびそれらのくみあわせとして示されている。

ところでこのような帰納は、もちろん単に個別的事実の「枚挙」による帰納でない。個別的事実の有限な集合をこえてすべての同種の事実に普遍的に妥当する一般命題にいたることである。けれども事実の有限な部分（われわれの知覚経験の確かめうるのはこれだけである）から無限な全体に通ずる主張にいたることは、一つの飛躍であり、帰納は飛躍をふくむのである。この飛躍はどうして可能なのか。それは、上の例についていえば、因果的法則性が普遍的に自然を支配している、と前提しているからのことである。

ミルは因果法則性のみならず、物の諸特性の同時的共存の法則性（数学的関係がこれに属する）をも、一括して「自然の一様性」の名でよび、これが帰納の可能根拠であると考える（「三角形が二等辺という性質をもつならば必ず二等角という性質をももつ」というような場合が「共存の一様性」であり、ふつうの因果法則性は「継起の一様性」である）。――ところでこのような自然の一様性そのものを、どうして自然についてわれわれは知るか。カント主義はこれを先天的原理とみとめるが、ミルは、因果性のみならず数学的法則性一般をも、やはり経験から帰納されたものとみとめようとする。ただしこの場合の帰納は、内容的な因果法則についての、さきの帰納ではありえぬ（帰納の根拠は再び同じ帰納によっては与えられえない）。ミルが帰納の根拠なる自然の一様性を根拠づけうると考えた帰納は、さきに捨てた「枚挙による帰納」であった。「枚挙」の方法は自然の具体的事実については無力であるが、極度に普遍的な原理の例外ない妥当を知らせる力をもつ、という。

帰納の正当化を帰納にもとづけうるというミルの主張、また数学すらも経験からの帰納によって成り立つという主張は、その後の経験論により修正されまた否定された（帰納の根拠を蓋然性の計算によって与えようと試みること、また数学そのものを演繹論理の同語反復に帰することによって経験的帰納には無関係だとみとめることが、その後の経験論・実証論の考え方となる）。しかしミルの考えは経験論の徹底の試みとして有意義であった。

倫理学においてミルは、一方では行為の正邪の判定の客観的規準としてベンサムのたてた「功利性の原理」を維持しようとした。しかし他方、行為の主観的動機がベンサムの考えたような量的大小のみを容れる同質な快楽の追及にあるとはみとめず、快楽に質的次元の相違をみとめる。そこでミルが快楽（幸福）というものには、諸価値の序列がふくまれることになる。愚者の快楽とするところよりは賢者の快楽を選ぶべきである、といわれる。同時に心理的事実としても、快楽が常に目的として追及されているとはいえず、むしろ快楽はたいてい或る別の目的の追及にともなって生ずる結果である、とみとめられる。——そしてこのように主観的善（快楽）をひろく解釈することによって、客観的な行為の正邪の判定もまた、ベンサムの考えたような快楽の計算によって達せられるものでなくなる。ベンサムが非合理的として斥けた、社会の道徳的伝統の与える行為方針が、ミルでは、功利性の原理に従属する中間的規則としてとり入れられることとなったのである。

社会の考え方ではミルはサン・シモンやコントから多くの影響をうけたが、コントの考えに対するミルの態度を見ればミルの特色は知られるであろう。㈠理論においては、コントが心理学を軽視して生物学に社会学を接続させようとしたのに対して、ミルは心理学を社会学の基礎学と考え、社会学的法則は心理学的法則の特殊化であると考える。㈡実践哲学では、コントの実証的政治学が社会の権威を強調して全体主義的であるに対して、ミルはどこまでも社会に対する個人の自由を確保しようとした。——しかしミルは市民社会における労働者の地位についての新たな問題すなわち社会主義の問題を十分意識しており、経済学において生産の理論と分配の理論とを鋭く分け、分配における正義にかかわるものとして社会主義の要求をとりあげた。

宗教に関してミルは啓蒙主義の宗教批判をうけつぎ、キリスト教神学の矛盾（例えば悪の問題に関しての神の善性と全能との間の矛盾）を指摘したが、イエスの愛の教えを、神学からきりはなして人間主義《ヒユマニズム》（イエスを神の子キリストとみとめる信仰を否定する態度）の見地から、重要とみとめる。この態度は、コントや後述のフォイエルバッハと大体同じ方向に向っている。

スペンサー

コントやミルとほぼ同じスタイルの思想家であってしかも「進化」の観念を理論の中心においた人はハーバート・スペンサーである（ダーウィンの『種の起源』の出版は一八五九年であったが、スペンサーの『進化の哲学』はダーウィンの説を待たずに着想された）。

さて「進化」を普遍的な事実とみるという考えは、すでにデカルトやカントが宇宙の進化に関して意識していたように、キリスト教の世界「創造」の考えと矛盾する。スペンサーはこの点から、まず宗教と科学との関係について、考えねばならなかった。宗教と科学との衝突は一方宗教が世界の知的解釈を与えようとし他方科学が絶対者について何事かを主張しようとするところから起こる。しかし宗教が純化され高等なものになればなるほど、世界についての知的解釈を断念して絶対者への純粋な信仰におちつくのであり、また科学も、みずからの知りうる事実が相対的・条件的であって、絶対的で無条件なものは科学の対象ではないことを覚る。かくて不可知の絶対者への「信仰」と、可知的相対者の「知識」という形で、宗教と科学とは矛盾なく共存しうる、とスペンサーは考えた（こういう考えは「不可知論」agnosticism と呼ばれた）。

このような考え方で、相対的な科学的世界知の綜合をコントのように企て、かつ特にあらゆる領域に見出される支配的傾向としての「進化」の法則を確認すること、それがスペンサーの仕事であった（その際、世界の実在的原理としては恒存者としての力〔エネルギー〕を考えたが、物理的・化学的エネルギーと生命力とを超えて意識をも「力」の原理で説明するには至らなかった）。

ハーバート・スペンサー

「進化」という過程の特色は、(1)分散していたものが一つにまとまること、(2)一つにまとまった全体が、同質的部分の集合の状態から異質的分化へと進むこと（「同質から異質へ」）、(3)しかしこの分化が分裂に導かず統一的秩序をもつこと、である。スペンサーはこういう意味の進化を、太陽系の生成にも、有機体の成長や進化にも、意識の発展にも、社会の発展にも、見出したのである。

スペンサーの綜合の哲学的に興味ある点をとり出してみると、㈠認識論において、それまでの経験論のように個人の経験が白紙から構成されてゆくという考えを採るのは、スペンサーによれば誤りであって、個人は遺伝と伝統とによって、一定の理解形式を個人的経験に先立って与えられているのであり、この点ではロックやヒュームの経験論よりもカントの先天主義のほうが正しい。しかし人類の意識の進化を全体として見るならば、個人にとってのそういう先天的形成も結局は人類の後天的経験のつくり出した形式であって、その意味では経験論が正しいのである。

㈡社会の進化は、同質的統一から異質的分化（分業による諸身分の分化）を示すが、具体的には「軍事的社会」から「産業的社会」へという形で見られている。「軍事的社会」では社会的統制がつよく個人の自由は乏しい。戦士が支配し、生産その他の平和的活動は婦人や奴隷の仕事である。「産業的社会」では逆であって、そこでは生産活動が主要な位置を占め、自由な個人の協同が実現されるのである。

㈢しかし現在の「産業的社会」が、社会の進化の目指す自由な個人の共存を完全に実現しているのではない。そこには戦争があり、階級の対立があり、また全体として、生活に必要な物の生産に追われて学問や芸術の文化的生産に主力を注ぎうる段階にはいたっていない。自由な個人の共存と精神文化の発展とを支える第三の社会が未来に、進化の目標として望まれる。――スペンサーの倫理学は、そういう進化の目標として望まれる人間社会のあり方を規範として、現在を律しようとする考えを示す。道徳の基底は生命の自己保存と幸福との追求にあり、それの進化を社会学に見るとき、各人の自由が他の自由を侵すことなく発揮されるという意味の「正義」と、各人が他を愛し助けるという「親愛」とが、最も高い規範として見出される。そしてこれらは、部分的にはすでに、無力な嬰児に対する母の心づかいや芸術家の自由な自発的な制作活動において、雛型として示されている。そういう進化の目標を規範として行為することが道徳的なのである。――けれども功利主義者やコントや社会主義者が制度の改革と人心の一新とによって近い未来に理想社会を建てうると信ずる点にスペンサーは反対し、進化は長い時間を要すると考える。そこでかれは、現実の社会に対しては改革よりもむしろ保守の方に傾いたのである。

グリーン、ケアード、ブラッドリ

さてわれわれの見ている時期の後半すなわち一八七〇年頃からイギリスにも、経験論・自然主義に反対してドイツのカントやヘーゲルの観念論、唯心論の哲学が導入される。グリーン（Thomas H. Green, 1836–1882）やケアード（Edward Caird, 1835–1908）がそれである。これらの人々は社会における正義と自由との主張の基礎としては、ミルのような伝統的自然主義の哲学では不十分であると考え、新たに社会そのものに道徳的権威を与えうる唯心論の哲学を採ろうとしたのであって、ヘーゲルを採るといっても、ヘーゲルにおけるロマン的保守主義や全体主義に興味を示したのではない。

ブラッドリ

この派の人々の中最も包括的な形而上学的洞察を示したのはブラッドリ（Francis H. Bradley, 1846–1924）である。ブラッドリは第一に、実在が唯一の個体として考えられるべきであって、普通に考えられるように世界が、多くの多少とも独立な物乃至事実から成っているのではない、と主張する。その理由。まず論理の方から考えると、あらゆる判断において、全称判断はもちろん個別判断においても、主語は唯一の個物を指示することのできない一般者であって、「sはpである」という定言判断は実は、「xがsであればxはpである」という仮言判断である。そこでxであらわした実在そのものは論理的規定の外にある。ところでこの実在そのものをさしあたり個々の物のように考えた場合、それは他のすべてのものとの関係をみずからの本質の中に内的にふくむところの個体でなければならぬ。普通には物についてそれの内面的本質的属性や関係を外面的偶然的な属性や関係から区別するが、それは外からわれわれが反省してつける区別であって、物それ自身すなわち実在そのものにおいては、いわゆる偶然的な関係もその物の不可欠な規定なのである。そこでそう考える限り、一つの物は他のすべての物と内面的統一をもち、結局物と物との区別はなくなって、すべては唯一の個性的実在の諸相であると考えるよりほかはない。形而上学は多元論でなく一元論にいたらねばならない。――そこでこのような唯一の実在こそさきにxとしたものであり、「sはpである」という判断が規定する実在であって、一般に判断の真の主語は実在そのものであり、sもpも実在そのものの述語なのである。従ってあらゆる真なる判断、従って存在論における範疇的規定もまた、すべて唯一なる実在そのものの述語にほかならない。

ブラッドリはかくて、時間・空間・物・因果・自己の諸範疇を唯一実在の規定として吟味することにかかる。そのやり方は、これらの範疇を論理的に分析して矛盾が見出されないかを調べ、もし見出されるならば、そういう規定は、「実在」そのものの規定でなく「現象」の規定であると判定することである。そして実際、時間・空間等々の規定には一般に同一と異他（一と多）の矛盾がふくまれていることが次々に示され、最後に「自己」すらも自己矛盾的な「現象」であることが示される。そこで「実在」（絶対者）そのものは、このような範疇規定をこえて直接な感知において、いわばわれわれの自己をそれに没入することによってのみ、捉えられることになる。いわゆる「神」も「自己」も「現象」であって「実在」ではないのである。――このように諸範疇を絶対的実在の規定として吟味することはヘーゲルの論理学のやり方に似ているが、ブラッドリはヘーゲルが矛盾の綜合（従って矛盾律の廃棄）を試みたのにつよく反対し、実在は論理の彼方に神秘的合一において触れられると考えたのである。

ブラッドリの倫理学はグリーンとひとしく「自己実現」という考えで貫かれ、自己を感覚的快に同一化する快楽論・功利論を斥けるとともに、カントの義務の道徳をもその形式性のゆえに個体としての自己を全体的に規定できぬと考え、有機的全体としての社会の中できまる「自己の地位と義務」という具体的普遍をもとにする道徳にいたるが、その有機的社会（たとえば民族）が歴史的に相対的であるから、真の道徳は、人類全体の国際的社会を土台としかつ文化的価値を容れるべきである、と考える。――しかし結局は、道徳そのものが、「あるべし」という要求と現実には「あらぬ」ことの承認とをふくむ自己矛盾的あり方であって、宗教（ただし通常の宗教における「神」と「自己」との間の矛盾をこえた神秘主義）にいたるべきものとみとめる。

XIII 十九世紀の哲学（その三）

一八三〇年代のドイツ哲学はそれまで支配的であったヘーゲル哲学にふくまれる問題をめぐって動いた。特にヘーゲルの思弁的キリスト教解釈が当面の問題であった。ヘーゲルによればキリスト教は宗教の最高の形態である「絶対宗教」であり、キリスト教の真理は哲学の真理そのものである。ただキリスト教はその真理を「想像」（「表象」）の言語でいいあらわしており、哲学はそれを「概念」に高めるのである、という。ヘーゲルのいう「精神《ガイスト》」はキリスト教の神の三位（父・子・霊）の一つである「霊《ガイスト》」をも意味したのである。しかしながら、キリスト教は、「父」なる神が、史的人物であるイエスにおいて、「子」なるキリストとして、一度かぎりに現われた、と信ずるのであり、哲学の方は神的理念が個別的歴史的実在に顕現すべきであることを一般的に理由づけるにしても、そのことがまさに史的イエスにおいて決定的に起ったということを、論理的に示すにはいたらない。そしてこのような場合、トマス・アクィナスのような中世のスコラ哲学者は、信仰を哲学の上位において事を解決したが、ヘーゲルはむしろ哲学を上位におくのであり、信仰の超越性をみとめていないのである。

シュトラウス、フォイエルバッハ

この問題をめぐってヘーゲルの死（一八三一年）の後、師の哲学が正統キリスト教の信仰と一致すると考える人々と、必ずしもそうでないと考える人々とが分れた。前者を「ヘーゲル右派」後者を「ヘーゲル左派」といった。そして「左派」の中から、新約聖書の歴史的批判者シュトラウス（D. Fr. Strauss, 1808-1874）が出た。

シュトラウスは『イエス伝』（一八三五年）において、第一に、福音書に見えるイエスの超自然的事蹟を事実とみとめることはできぬこと、しかし第二に、それを一部は合理的に解釈して史実とし一部は作者の作為とみとめるという、啓蒙主義者の見方も採りえぬことを示した。そしてシュトラウス自身の解釈は、福音書を、史実を離れた神話と見なすことであった。それは、初代キリスト教徒の信仰からおのずからに生れた神話であり、かれらの信仰告白なのである。——この考えがキリスト教を哲学に解消するという方向にあることは明らかであろう。

しかしまだヘーゲル哲学の枠内にいたシュトラウスとは異なり、さらに根本的に、ヘーゲル哲学そのもののもつ神学的性格を批判して、哲学を自然主義的人間学に帰着させせようとする考えに立って、キリスト教全体の批判と解釈とを与えた者は、フォイエルバッハ(Ludwig Feuerbach, 1804-1872)である。

フォイエルバッハの主張は二つの面をもつ。第一、キリスト教の教えの大部分は、人生について真実であり価値あるものとみとめられる。キリスト教が「神は愛である」という場合、それを、「愛は神的である」という意味に、すなわち愛が人間にとって最も尊いものである、という意味に解して、うけいれることができる。このとき「人間」とは個人でなくて「人類」を意味する。個々の人間は少なくとも「我」と「汝」の共同として統一されることによってはじめて「人類」の意識にいたるのである。そういうものとしてフォイエルバッハは男女の愛、家族の愛を重要視した。結局、キリスト教は人類にとっての真実と善とを教えているのである。

フォイエルバッハ

ところで第二に、すでに上述のうちに含まれていることであるが、そういう人類の真実と善を、キリスト教が、人間をこえ世界をこえた全能の神の述語とすることは、人間性の自己外化であり顚倒である。「神は愛である」というのはその意味では誤りであって、神を主語とすることをやめ述語と入れかえることによって、すなわち「愛が神的である」といい直すことによって、はじめてわれわれは真実に達するのである。

キリスト教の教える徳である「信仰」・「愛」・「希望」のうち、「希望」は不死の問題にかかわるものとしていま問題外とすれば、「信仰」と「愛」とに関してフォイエルバッハは、「信仰」をすてて「愛」のみを採るべしといっていることになる。超越的人格神の存在の「信仰」を排し「愛」を人類愛としてうけいれようとするのである。

そしてフォイエルバッハはキリスト教教義自体においても「信仰」と「愛」とは矛盾している、という。三位一体の神の存在を「信」ずるか否かによって正統と異端とが分たれ、異端者の迫害が是認されている。「信仰」は本質的に党派的である。しかるに「愛」はもともと党派の別をこえて人類一般に及ぶべきものである。キリスト教において「愛」は「信仰」によって制限され、「敵を愛せよ」とはいわれてもそれは同信の者の間の不和をなくすることを命じているだけであって、異端者を愛するにいたらない。異端者は憎まれ呪われる。「信仰」の帰結には「憎み」が含まれ、これは「愛」と矛盾している。

かくてフォイエルバッハはキリスト教「神学」の真実を「人間学」に帰着させたが、その「人間学」は「人類」の真実を示すものであって、「個人」に対しては道徳的規範を与える。フォイエルバッハの道徳は、第一に人間の幸福が善であること、第二にそれは個人としての「我」の幸福のみでなく「汝」の幸福をも意味すべきであって、「利他主義」すなわち「愛」をふくむということである。
しかしながらフォイエルバッハの「人間学」は同時に自然主義・唯物論につながっている。そしてそのことは、常に宗教の真実に関心をもったかれにとっては、キリスト教以外の古代異教やその他の宗教が、「人間」よりもむしろ「自然」により多くつながっているという解釈に関係する。自然主義的解釈がキリスト教以外の宗教においては主要事となるのである。フォイエルバッハは科学的自然主義の思想に共鳴した。

フォイエルバッハの思想は、同時代のフランスのコントやイギリスのミルと同じ方向にあり、コントの言葉でいえば「人類の宗教」を説くものなのである。フォイエルバッハは孤独な思想家であって当時はコントやミルのように広く知られるにいたらなかったが、これらの人々とは異なりキリスト教教義についての徹底した弁証をおこなった点で却って深い影響を後代に与えた。

キルケゴール

さてふたたびヘーゲルに戻ると、フォイエルバッハに見られるような、超越神への信仰に対する否定的態度は、ヘーゲル自身においてすでに或る程度存在したことが気付かれる。ヘーゲルは世界を超えた人格神への帰依を「不幸な意識」と呼んでこれを捨て去ろうとし、結局汎神論的な考えにいたったのであった。そこで正統的信仰を維持しようとする哲学者

キルケゴール

はへーゲルの死後、全体として汎神論的なロマン主義の中でいかにして人格神論を保存しうるか、を問題にし、結局は後期のシェリングとともにヤコブ・ベーメの見方に近づいた。それは、人格神そのものに「自然」を内在させて世界と神との親しい関係（これが汎神論の要求するところである）を理由づけようとするものであって、シェリングの弟子ヴァイセ（Christian H. Weisse, 1801-1866）によってPanentheismus（「すべてが神においてある」という意味であって、Pantheismus〔汎神論〕すなわち「すべてが神である」という考えと区別される）と名付けられた（「思弁的有神論」と史家は呼んでいる）。

しかしながらこのような考えは、キリスト教を、ルターやパスカルのような人々において生きた形でのみ、つまりへーゲルのいう「不幸な意識」という形でのみ、真実なものとみとめる立場からは、断然斥けられるであろう。それがデンマルクのキルケゴール（S. Kierkegaard, 1813-1855）のとった考え方であり、フォイエルバッハとは正反対の方向であった。

キルケゴールはへーゲルの思弁的論理学を斥ける。論理的体系は「現実」をふくむことはできない。たとえば経験的事実である「運動」は論理学の中に入らない。しかるにへーゲルは思惟の運動・媒介を論理的体系にふくませ、「現実」を論理によって規定しつくそうとする。のみならずヘーゲルの哲学的綜合の目指す価値的真理は、もともと客観的論理的にとらえられるものではない筈なのである。ヘーゲルは客観的精神である世界史において神の摂理を見ようとするが、これは自己の救いをまじめに問題とすることなくして客観的な観照にふけることである。真理は主体性・内面性においてあり、自己の真実なあり方すなわち「実存」にある。

そこで人間の生き方は、相反する可能性の間の選択・決断によってのみ達せられることになる。三つの立場が示される。第一は客観的美的なあり方であって、ドン・ファンの恋愛のようなものである。ロマン的思弁哲学もこれに属する。第二は主体的・倫理的なあり方である。これは享楽的な恋愛でなくまじめな結婚生活にあたる。しかし主体としての個別者の求める真理は結局人間の間に見出されず、孤独な自己が情熱的に神に対する関係の中に求められねばならぬとキルケゴールは考える。これが真の倫理的なあり方であるとともに、すでに第三の宗教的生の第一段階なのである。キルケゴールはこのときソクラテスの生き方について度々考えた。しかしそれはキリストへの道の準備としてであった。そこで最後の飛躍によって、キリスト教の罪・信仰・救いへの道が真の宗教的生として開かれる。それは「永遠」が「瞬間」という形で（「瞬間」は「永遠」の原子《アトム》である）「時間」の中に侵入したものとしてのイエス・キリストに帰依することである。この逆説的な事実を情熱的にわがものとすることがキリスト教なのである。

キルケゴールの思想はその後二十世紀に入ってからキリスト教神学と実存の哲学とに影響を示すことになるが、当時の哲学にはほとんど無縁であった。そしてヘーゲル左派の動きは、フォイエルバッハの宗教批判からマルクスの社会批判にすすむ。

マルクス

フォイエルバッハは、キリスト教の秘密が、人類の真実と善とを外化して神として立てたことにあると見たが、その人類社会そのものにひそむ社会的・政治的問題の考慮に進まなかった。却ってヘーゲルはその客観的精神論において市民社会と国家との問題を意識していた。この問題を自然主義の見地からとりあげて社会主義に向ったのはマルクス（Karl Marx. 1818–1883）である。マルクスは第一に、ヘーゲルが市民社会における貧富の対立を国家において収拾できると考えたところを、ロマン主義的反動的として斥け、主にフランスの社会主義思想家サン・シモンやフーリエの考えに結びついて、市民革命につづく社会主義的革命が労働者階級を主体としておこなわれることにより、はじめて市民社会の矛盾は解消できる、と考える。そして第二に、イギリスの経済学を学んで市民社会の経済的社会的分析をおこない、社会主義革命の歴史的必然性を理由づけようとするのである。

市民社会における貧富の対立は、その経済体制そのものに根をもつ階級対立であって、ヘーゲルの考えるように現存の国家の統一の中に収めうるものではない。現存の政治は支配的地位にある市民（資本家）階級の利害にもとづいておこなわれている。だから過去の市民革命に比すべき社会主義革命が未来に期せられねばならない。そしてフランス革命において「無にしてすべて」であるといわれた第三身分の「市民」が革命の主体となったように、社会主義革命においては実質上不自由不平等の極点におかれて「無」なる「労働者」階級が「すべて」とならねばならない。革命の主体を市民社会の矛盾の集中的表現である労働者階級に見るというこの考えにおいて、マルクスがヘーゲルの弁証法の矛盾的対立の相を、フランスの社会主義思想の中に定着させたことをみとめうる。

しかしこの矛盾は古典経済学の理論を介して、市民社会の経済体制そのものの矛盾にもとづけられる。市民社会において、人間の自然に対する技術的支配力すなわち「生産力」が、先立つ封建社会に比して飛躍的に増大し機械工業の段階に達している。しかしその時生産手段（資本）が市民という一階級に私有されているために、大なる生産力の生み出す富が、労働者の分け前とならない。労働者はみずからの労働によって生産する価値の大部分を収奪されている。ここに「生産力」と「生産関係」（所

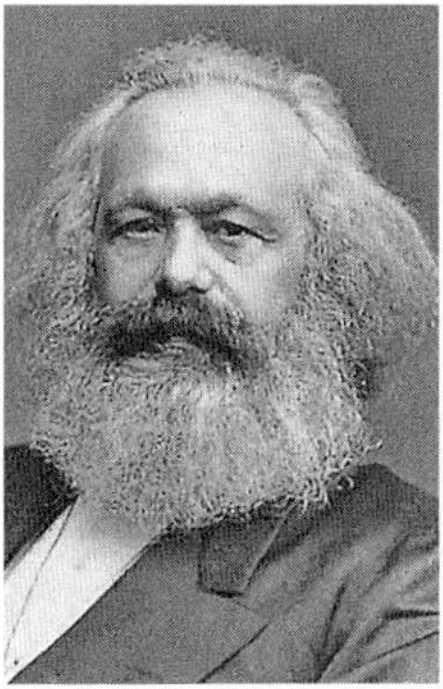

カール・マルクス

有関係）との間の緊張・矛盾がある。そしてこういう矛盾をはらんだ経済体制は、資本の集中化と周期的恐慌とによって、破局に定められているのである。そこでこのような歴史的「必然」を労働者階級がみずからの「自由」に化することが、革命的実践なのである。マルクスは自己の社会主義理論がこういう「必然」の洞察をふくむ点において「科学的」であると考える。

このマルクスの社会哲学はひとつの歴史哲学（「歴史的唯物論」すなわち「唯物史観」）を与える。歴史の「実在的基底」は経済過程にあり、それは「生産力」と「生産関係」との対立と統一とである。この弁証法的関係が、「生産関係」すなわち「所有関係」そのものの中に「階級対立」をあらわすことになるのである。このような見方で、古代の奴隷制社会、中世の封建制社会、近世の市民社会を、社会の発展段階として区別できる。そしてこれら階級社会において、法制・宗教・哲学等はすべて支配階級の利害の表現であり、イデオロギーである。これが社会の「上部構造」である。――歴史の発展は、「生産力」の増大がそれのおかれた「生産関係」をやぶって新たな関係にいたる過程であり、それが社会関係そのものにおいては階級戦と革命としてあらわれるのである。

ロッツェ

十九世紀中頃のドイツでは自然科学的唯物論が多くおこなわれ、フォクト（Karl Vogt,

1817–1895)、モレスコット（Jacob Moleschott, 1822–1893)、ビュヒネル（Ludwig Büchner, 1824–1899）らの諸著があらわれたが、このとき科学の要求をみとめながら、前代の唯心論の形而上学的志向を継ごうとする努力もなされた。その代表者としてロッツェ（Hermann Lotze, 1817–1881）とフェヒネル（Gustav Th. Fechner, 1801–1887）が挙げられる。ロッツェはデカルト的であり、フェヒネルはスピノザ的であった。

ロッツェは医学者であり、生理的心理学では空間知覚についての業績で知られている。理論哲学を論理的存在論からはじめる。存在の基本形式は「物」とその「属性」と「関係」とである。そしてこの場合一物の他物への「関係」というのは、われわれがそれらを比較して見出す観念的関係ではなく、物と物とが能動し受動し合う実在的関係いいかえれば「相互作用」のことである。ところで物は物にどうして作用しうるか。もし物がそれぞれ他から独立であると考えると、一から他への作用の及びうる理由として、「機会原因」の説や「予定調和」の考えを採らねばならないであろう。ロッツェは結局、作用の基礎として、物と物とに共通な媒介者を一つの全体（「一般的実体」・「絶対者」）と考え、個々の物はこの全体の或る特定の状態にほかならない、とする。物

ロッツェ

と物との「関係」は、それらの物をみずからの状態としている全体がもつところの「属性」である、と考える。ロッツェは世界を一つの実体として一元論的に考えるのである。しかしながら、だからといってシェリングやヘーゲルのように、そういう唯一の実体から個別的事実を導出できると考えるべきではない（それを敢てすれば、同一・差異・一者・他者というような論理的規定を直ちに絶対者の規定と見なさねばならなくなる）。存在論は、唯一実体を背景に予想しつつ、各個物間の作用を機械的因果性によってとらえねばならない。ロッツェは自然を、時間・空間・運動の形式において、力学的因果性の支配する世界として考え、有機体についても生命力や目的原因を説明原理とすることを斥けた。しかし物質的自然に対して意識（精神）は独立な実在である。意識の内的経験は独自なものであって、それを唯物論で説明することはできない。けれどももまた意識が物質的身体的過程と相互作用の関係にあることも明らかな経験の事実であるとみとめられる。心身関係についてロッツェは「平行論」よりも「相互作用論」を採って考えた。これらすべての点でロッツェはデカルトの考え方を継いでいる。

さて上のような理論的認識（一般存在論・宇宙論・心理学）に加えて、ロッツェはさらに価値論を考える。美や善に関する価値判断の規準は、単に主観的な快感や快楽にあるのでなく、客観的な理念《イデー》にある。ロッツェはプラトンに従う。けれどもプラトンのようにイデアを真の存在と考えるのでなく、普遍的に「妥当」する価値と考える。「存在」と区別して「価値」が立てられるのである（これはロッツェのプラトン解釈でもあった）。ロッツェはこのようにして、物質と精神との二元性とともに、存在と価値との二元性をみとめたが、最後には、存在と価値とを統一する絶対的全体（神）について考える。それを考えることはしかし、われわれの認識しうる世界が断片的・部分的であることをみとめ、われわれの知り得ない部分をも或る仕方で考え加えようとすることであって、結局は信仰なのである。ロッツェの神は、かれの師にして友であったヴァイセにとってと等しく、人格性をもった神であった。「思弁的有神論」がロッツェの宗教哲学であった。

フェヒネル

フェヒネル

フェヒネルははじめ科学者であって、シェリングの自然哲学を批判しつつ、当時発展の途上にあった電磁気の実験的研究や色彩についての心理学的研究に従ったが、四十歳の頃過労のため一時失明に近い状態に陥り、恢復後哲学者として仕事をした。かれはそれまでにも匿名の諷刺作家として後期ロマン派の文人であり、奔放な想像を駆使して、スピノザ風の汎神論的形而上学をたてたのである。

物質的自然に関してフェヒネルはニュートンの引力の法則に工夫を加えて引力のみならず物質の凝集力や斥力をも説明する一般的な「運動の法則」を考え、同じ法則が宇宙内のさまざまな系の状態に応じて、さまざまな力を発現させる、と考える。有機体についても、物理化学的力とは異質な生命力を改めて認めるのでなく、同じ「運動の法則」が有機体という一つの特殊な系において生命機能を現わす、と見る。――そして結局、フェヒネルは、さまざまな系をふくむ全体系としての宇宙はもともと機械的体系でなくて有機的体系であり、こういう原始的「宇宙的有機体」が自己の中に、「安定」を求めて多くの有限な系を生み出して来た、と考えるにいたった（これは、はじめ出発点にとった機械的体系〔力学的系〕そのものも、ひとつの部分的体系にすぎぬと見るにいたったことを意味する）。そこで、星はそれぞれ一つの有機体であり、地球もそれであり、その地球上において、一方地球という有機体の分化として植物や動物が生じ、他方いわゆる無機の物質がいわば沈澱して生じたのである、という。

さてこのような物質的有機的自然に対し、全く新たな異質的な事実である「意識」が、まず人間において見出される。「意識」は原始的事実であって物質過程とは全く別なものである。しかしこの意識過程も物質過程と離れてあるのでなく、同一のものの二面であり、人間意識に対応して脳髄の神経過程があるように、その二面は平行的な対応を示す（たとえばわれわれは自らの意識を直接に知るのであるが、他人の意識は身体的表現を介して推測するのであり、この場合には明らかに意識と物質過程との或る対応を認めているのである)。しかしながら、普通の見方では、意識は少なくとも動物的有機体においてはじめて現われるものであって、植物や無機の物質には意識はみとめられず、従って、物質的過程は宇宙において連続的であるが意識は部分的間歇的に現われる、と見られる。ところがフェヒネルは、この普通の見方に反対し、植物にも無機の物質にも低次の意識(無意識の心)があり、星にも意識があり、全宇宙にも意識があって、意識過程は物質過程と同じく連続的で宇宙全体に及ぶ、と主張する。

それは心身関係についての一般理論すなわち「精神物理学」(Psycho-Physik)によって部分的に理由づけられた。——刺戟と感覚との関係について、刺戟の強度が少し増しても必ずしもすぐに感覚の強度は増さず、刺戟の強度の増加分ともとの刺戟強度との比が一定の値に達してはじめて、感覚(意識)の強度が増したと感ぜられる。この比は各感覚についてほぼ一定している。そこで一般に「刺戟強度の対数が感覚強度に正比例する」といえる(フェヒネルはこの事実に注意したかれの師ウェーベルの名をとって、上の法則をウェーベルの法則と名付け、「精神物理的根本公式」とした)。——ところでこの法則の解釈においてフェヒネルは、刺戟強度の増加に応じて感覚強度も無意識の次元において実は増加しているのであり、そういう無意識的感覚表象が加重して一定の値(閾値)に達するとはじめて意識に現われるのである、と考える。つまり、物質過程である刺戟強度の増加に応じ、それの対数に比例して、意識過程があり、それは一定の値に達するまでは「無意識」であるが、「無意識」をもふくむ広義の意識過程としては常に存在するのである。かくて狭義の意識の底に無意識があり、両者の境界が閾値によって示される。全意識を大小の波動の重畳にたとえると、その合成波が、閾値で示される或る高さを超えるときにのみ、狭義の意識に現われるのである。

こういう広義の意識の考え、すなわち無意識を意識にふくませる考えによって、フェヒネルは、動物のみならず植物や無機物にも意識ありとする。そしてまた他方、人間に見出される狭義の意識の範囲と明晰度とが増大して全宇宙を蔽うにいたった場合を想定してそれを神的精神と考える。フェヒネルはこのような神に、ロッツェと同様、人格性を帰したが、同時に、神が世界過程とともに進化するものであるとみとめた。

ニィチェ

ロッツェやフェヒネルは科学的実在論をうけいれながらシェリング派の思弁的有神論を維持しようとした形而上学者であったが、同じ時期に、ドイツ観念論ではショーペンハウエルの考えとつながりかつヘーゲル左派のキリスト教批判につながる、独特なモラリスト・世界観の批判者そして或る意味の形而上学者として、ニィチェ（Friedrich Nietzsche, 1844–1900）が出た。

フォイエルバッハのキリスト教批判はキリスト教の超越神論を否定しつつその愛の道徳を人類愛という形でうけいれようとしたが、ニィチェはキリスト教の道徳そのものをも斥けようとする。ニィチェの心理的解釈によればキリスト教の道徳は弱者の強者に対する怨恨から生じたものである。支配者が「力」を「徳」とし、高貴と卑賤の価値秩序を立てているのに対して、弱者や奴隷は、強者に対する復讐心を直接に満足させえぬゆえに怨恨として内攻させ、上の価値秩序を逆にすることによって、卑しく弱い者が神によって嘉せられ、強い支配者は憎まれ罰せられると考えるにいたる。そしてこの顛倒された価値秩序が現世でなくて来世において実現されると信ずるのである。キリスト教の道徳は健康な「主人の道徳」でなく、病的な「奴隷の道徳」なのである。

ニィチェ

このようなキリスト教の批判とともに、ニィチェは、およそ現実の生の世界を超えて真の実在を考えるすべての形而上学を拒否しようとする。ソクラテス、プラトンにはじまる形而上学的伝統が、現実の世界の「背後の世界」を考えようとするのは、生の否定すなわち禁欲乃至衰弱を示すものであって一切斥けねばならない。それゆえまた、ショーペンハウエルが実在を「生きる意志」とみとめながら最後には芸術の観照によって生からの解脱に向い、プラトンやインドの思想家に同感したのは、矛盾である。

このようにプラトン的形而上学とキリスト教とを、いずれも生命価値の否定であるとして斥けるニィチェは、さらに近世の思想にも背をむける。啓蒙主義の人類愛の考え、十九世紀ではフォイエルバッハやコントやミルに現われた考えは、キリスト教的伝統の衰弱した形にすぎない。フランス革命から社会主義にうけつがれた「平等」の思想も同様である。そして近世の科学的宇宙論もまた人間の生の価値の否定である。コペルニクス以来人間は自分を軽蔑している。

ニィチェはこのようにして古代から近世にいたる生命の自己否定・衰頽をニヒリズムと呼び、それが十九世紀において極点に達したと見た。それを克服する道は、たとえばヘーゲルのようにキリスト教をロマン主義によって解釈し直そうなどすることでなく、むしろニヒリズムを徹底してその極点において生の肯定へ転ずることである。かれの念頭には時に、マキアヴェリが感嘆したルネサンス時代の悪党チェザーレ・ボルジアの姿が浮んだりする。かれの最後に達した考えは、若い時ギリシャ悲劇の底に見たディオニュソス的生の肯定であった。ソクラテス以前のギリシャ思想家たとえばヘラクレイトスへの同感が示される。ニィチェの考えは「運命への愛」という一種の運命論の形におちつく。すなわち悲劇的生そのものである運命の全体を、自ら意志する、ということである。しかしそういうことが人間にどうしてできるか。未来の運命を意志することはできても過去を意志の内容にはできない。そして過去には苦悩・悔恨・怨恨が蔵せられ、われわれがそれらの底にある運命を愛しなかったことは明らかである。しかしニィチェはこのとき、運命を、輪の形で、等しいものの永遠の繰り返しの過程と見る考えに達した。それによって過去そのものを、未来に向う意志の内容とすることが可能となる。けれどもこの可能を実現して悔いや恨みを消すことは、もはや人間を超えること、ニィチェの言葉でいえば「超人」となることである。キリスト教徒が人間を超えた神のめぐみ・ゆるしによってはじめて与えられると考えたものを、ニィチェは、「超人」によってはじめて達せられると認めるのである。

XIII 十九世紀の哲学（その四）——ドイツ

ロッツェやフェヒネルが科学的実在論から出発しつつ唯心論的形而上学に向ったとき、そのかたわらには、すでに触れたように、同じく科学的実在論から出てそれを逆に自然主義の方向に拡張して心身の問題や価値の問題にも答えうるとする唯物論があった。十九世紀後半のこのような状況に対し、次の世代の哲学者たちは、科学の与える内容的知識の拡張解釈をやめてまず科学的実在論そのものの方法論的分析を「認識論」としておこなうことが必要であると考えた。そして認識論は、認識主観すなわち広義の意識の吟味をふくみ、多くの場合に、「実在論」から「観念論」への移りゆきを示した。

このような考えに二つの方向が見られた。一はカント哲学を模範とするものであって、認識論的観念論からいわゆる理想主義の価値論へすすむ「カント主義」である。他は、ヒュームに従うものであって経験主義的・自然主義的である。「経験批判論」とか「実証主義」とか呼ばれた。——カント主義の成熟した形を示すものは、コーヘン（Hermann Cohen,

1842–1918）の哲学とリッカート（Heinrich Rickert, 1863–1936）の哲学である。「実証主義」においてはその代表者としてマッハ（Ernst Mach, 1838–1916）をあげうるであろう。なおドイツでは、実証主義よりもカント主義が圧倒的に優勢であって時代の哲学の主流をなした。かつ上の三人の代表者はいずれも十九世紀末に出て二十世紀はじめにその考えを体系化した人々である。

コーヘン

コーヘンは科学において事実の知覚よりは理論の構成が決定的な意味をもつと考える。科学的認識に対して或る対象が存在することは、理論がそれを構成したことである。星は「空にある」のでなく天文学的理論の中にあるのである。そしてこのことはそれぞれの科学の理論についていえるのみでなく、論理学・数学・物理学・化学・生物学という諸科学の系列全体についてもいえる。すなわち「科学を生み出す意識」（「超越論的意識」）において、各科学の対象の基本形式（範疇）が、論理的に導出されるのであり、そういう意識の対象構成作用の論理（「根源の論理」といわれた）を展開する

コーヘン

ことが、理論哲学の課題なのである。――「根源の論理」の展開の仕方は、無限定で限定可能な「或るもの」（x）が、限定された「かくかくのもの」（A）に、連続的に移行する、ということである（意識に即していえば理論的にはまだ無限定な感覚的事実が、論理的理由づけを得て理論的対象となる、ということである）。そしてこの移行は、学問的意識そのものの構成作用をあらわすから、対象を「根源から産出する」ことにほかならない。

さて「或るもの」（x）が「かくかくのもの」（A）にまで限定されると上にいったのは、「論理学」の対象（それは自己同一性をもたねばならない）の成立の場合であった。次に「数学」においても同様な考えが、「微分法」についての反省をもとにして、示される。「数学」のさしあたりの対象である「有限量」は、「無限小（微分）要素」の積分によって産み出される。有限者（限定されたもの）が無限小（無限定なもの）の連続的集積の極限として成り立つ。一般に、コーヘンはその哲学の論理（「根源の論理」）を主として微分法についての反省から得たのであった。

大体このような仕方での論理的展開によって、「論理学」の範疇（「自同性」・「矛盾」）、「数学」の範疇（「一」・「多様」・「全体」――このとき「多様」と「全体」とは「時間」と「空間」とを意味する）、「物理学・化学・生物学」の範疇（「実体」・「因果」・「概念」――このとき「概念」とは類・種の目的論的秩序を意味し化学と生物学との対象形式に当る）が示される。――そして最後に、以上のような客観的諸範疇が学問的意識の方法的展開の諸段階であることを示す「様態」の範疇（「可能」・「現実」・「必然」）がある。意識について「内容」と「対象」とを分けるなら、コーヘンの考えは、意識が「内容」の産出から「対象」の産出へと進む、と考えることに当り、それは数学的対象（「内容」に当る）から物理的対象（「対象」に当る）へ進むことであり、認識「様態」の区別からいえば、「可能」から「現実」・「必然」へと進むことなのである。

さてコーヘンは上のような「自然」の観念論的論理的構成に次いで、「社会」（すなわち価値的世界）の構成をも試みる。それは「倫理学」の対象である「価値」・「規範」を、意識（これはここでは「認識」でなくて「意志」である）において論理的に産出することであり、自然科学における「数学」の位置に「法律学」がおかれる。そこで「倫理学」は諸々の精神科学の基礎範疇の論理的展開でもあることになる。——内容的にいえば、「意志」の展開が必然に「社会」という範疇を生み「国家」へと進む。「社会」・「国家」は、個人に対して道徳的権威をもつ。しかしその権威は理性的であり、たとえば社会主義の提出した問題を解くために立てられているのである。そして最後に、倫理的な人類社会の実現の可能性の保証として、いいかえれば「倫理」と「自然」との調和の保証として、「神」の理念がおかれている。

なおコーヘンは、「倫理」と「自然」との上のような客観的論理的構成および「神」における両者の統一に対応し、主観の側でも「感情」という統一的基底がある、と考え、それが「表現」作用によって諸芸術を生む、と考える。芸術的価値（「美」）は、「自然」の方から与えられる「崇高」の感情と、「倫理」的行為の実現にともなう「フモール」の感情との両成分をふくんでおり、「美」は「真」と「善」との内在的主観的な統一なのである。

リッカート

リッカートの「カント主義」は、第一に、コーヘンのそれとはちがって、認識において知覚的事実の意義を十分にみとめようとする。認識には論理的構成とともに、事実が与えられるということがなければならない。そして第二に、経験的世界は直ちに科学的世界ではなく両者に次元のちがいがある、と考える。リッカートは、すぐれた哲学史家であった師のヴィンデルバント（Wilhelm Windelband, 1848-1915）の考えをつぎ、科学には「自然科学」とならんでそれと区別される「歴史科学」があるとみとめ、認識論は、まず両科学の共通の基礎となるところの経験世界を考えた上で、それについて「自然科学的概念構成」と「歴史科学的概念構成」の両方向を示すべきである、とするのである。

経験的世界の認識はどういうふうにして成り立つか。まず感覚的質料が与えられ、それが時間・空間・因果の形式によって秩序づけられるのである。そしてこのとき、「認識」は真なる「判断」であり、「認識主観」は「判断する主観」である、と考える。そこで時間・空間・因果の範疇形式による限定が「判断」の形で理解されるのみでなく、質料的事実が「与えられる」ということも、主観の方からの一種の判断を意味する。質料が「与えられる」ということは、事実の端的な「肯定」（否定の可能性をともなわぬ肯定）なのである（リッカートはコーヘンと異なった意味で存在を論理的に規定する努力を示した）。

さてこのような構成をもつ経験的世界（リッカートは「現実」といった）は、まだ直ちに「自然」の世界ではない。そこに見出される時間・空間・因果の形式も自然科学的時間や因果ではない。因果についていうと、それはまだ一般的法則的関係でなく、個別的異質的事実のつながりを意味する。現実世界は「異質的連続体」なのである。――「自然科学」の世界は、こういう個別的異質的な経験世界に、改めて一般化・法則化の方法的手続きが加わって成り立つ。そして逆に、「個別化」の方法が加えられるとき「歴史（文化）科学」の世界が成り立つのである。

リッカート

ただし「個別化」というのは異質的個別的な経験の事実をそのままうけいれることでない。歴史学は単に個別者を知覚し記述するだけなのではない。「個別化」とは、現実世界の内容からの選択・抽象をふくみ、それは、事実を「価値」に関係させて選ぶことである。現実世界を、

「法則」の見地から一般化すると「自然」となり、「価値」の見地から個別化すると「歴史」となるのである。

リッカートの認識論の内容は右のようなものであり、自然科学と歴史科学との方法上の二元性を強調し、それぞれの方法を論理的に規定しようとしたのである。これは同時代の社会科学者・哲学者マックス・ウェーバーによっても採られた見方であった（ただしウェーバーは、リッカートが価値関係的「選択」といったものを、さらに立ち入って「理想型」の構成として考え、かつ社会科学的因果性従って或る意味の法則性についても考えた）。

ところで歴史科学的概念構成において引き合いに出された「価値」とは、全体としてどういうものなのであるか。それは、自然とともに歴史をもふくむ「感性的世界」すなわち「存在」の世界をこえた、「意味」の世界である。「意味」のあり方は、「妥当する」ということであって、それは或る場合には「命令」（「まさに……すべし」という意味で「当為」Sollenと呼ばれる）の形をとる。こういう「価値」乃至「意味」の世界を、かつてロッツェが考えたように、プラトン的イデアの世界としてリッカートは考えようとする。それは、経験的世界の一面すなわち「歴史」を規定するにとどまるのではない。むしろ経験的世界の認識全体を論理的に基礎づける意味をもつのである。価値の一つとして「真理」があるのだからである。――この点はリッカートの、認識の「対象」についての独特な議論によく現われている。認識（判断）は「対象」に合致することによって「真」である、といわれる場合、「対象」とは「真理性の規準」の意味になる（知られる「物」という意味での「対象」は、リッカートのような観念論では、知から独立に存在するのでなく知において構成されるのである）。そこで認識の対象とは、「真」という価値がわれわれの認識に課する「当為」「命令」である、ということになる。すなわちわれわれが認識において客観的真理をもとめることは、真という価値の課する命令に従うことなのである。そして「認識」により「存在」世界は構成されるのだから、「存在」の基礎には価値・意味がなければならぬといわれる。

ではそういう価値の体系（「叡知的世界」）はどういう形をもつか。リッカートは二つの系列を区別する。一つはわれわれの「観照的」態度に対して現われる価値であって、「真」と「美」と「聖」（ただし神秘主義者の直観するもの）をふくむ。他は二元的実践的態度に対して示される価値であって、「善」と「幸福」と「聖」（ただし人格宗教における神において示されるもの）とをふくむ。各系列において第一、第二、第三の諸項は、それぞれ「可能的無限」・「有限」・「現実的無限」の区別にあたる区別によって分たれている。

さてカント主義はもともと存在と価値の二元論を中心とするものであるが、すでにコーヘンは両者の究極的統一を一方超越的に「神」において他方内在的に「感情」において見た。リッカートも晩年に、「感性的世界」と「叡知的世界」との統一を、一方超越的な「形而上学世界」に求め、これは知られるというよりも信ぜられる、という。「存在」と

「価値」とがともに超越者の「象徴」としてうけとられるのである。しかし他方また両者は内在的に、われわれの感情的体験に見出される直接な状態意識において一つになっている、と考えた。

マッハ

カント主義とはことなり、価値をイデアとして考える理想主義に向わず、また認識において理性の構成作用をできるだけ斥けて、もっぱら感覚的経験の世界の分析により、心身の問題や主観・客観の問題を解こうとするのが「実証主義」であってマッハに代表させうる。——マッハは物理学者であり自然研究者であって哲学者ではないとみずからいう。かれの仕事はまず、物理学理論の基本概念を吟味して、そこにふくまれる形而上学的乃至実在論的意味を無用なものとして斥けることであった。例えばニュートンの「絶対時間」・「絶対空間」・「力」などが吟味され、そういう概念が感覚的経験の相対的秩序づけの手段である以上に何か独立な対象を指示する、と考えるのは誤りであるという。「原子論」における「原子」の概念についても同様である。一般に科学における理論的思考は、感覚から独立な実在を指示するのでなく、感覚的経験のもっとも便利な整頓の手段であり、経済的手段である（数学も結局「数える」という作業の複雑なものを出来るだけ少ない努力で経済的におこなう手続きを示しているにすぎない）。そこで認識において決定的な意味をもつのは感覚的経験であり、しかもそれは色や音や圧などの要素的感覚のつながりに帰着させうるのである（「物」は要素的感覚の複合体そのものである）。

しかしながら上にいったところだけで問題は終らない。物の世界に対しているわれわれ自身があり、われわれは身体をもって物と交渉している。そこで色や音のような「物」を構成している要素とともに、「身体」に特有なたとえば「痛み」というような感覚要素、ならびに記憶心像や意志や感情など心的過程の要素をも考えに入れねばならない。そしてここに、物質過程と心的過程との関係の問題、自我の問題などが出てくる。——これらの問題に答えるためにマッハは、上のような要素を、せまく感覚要素と呼ぶことをやめ、中性的に「世界要素」と呼ぶ。そして一つの「世界要素」たとえば「赤」は、或る連関においては「物」の色であってその物の「形」などと関係づけられ、さらに進んで物理的世界を形づくるが、また別の連関において私の身体（これもまた要素の複合である）と関係づけられるとき「赤の感覚」として見られ、さらにそれが他の記憶表象と関係づけられるとき「赤の心像」となる、と考える。そしてこれらの諸連関は相対的であって、あたかも多くの変数を含む式においてどれを独立変数としどれをその函数

マッハ

と見るかが或る程度任意である、のと同様なのである。心身の問題や自我の問題は、いずれもどれかの連関を絶対視することから生ずるむすぼれにすぎず、見かけだけの問題であり、上のように考えることによって解消しうる、という。

このようなマッハの「実証主義」は、同時代のドイツでは大きな影響力をもたなかったが、イギリスのクリフォード(W. Clifford, 1845-1879)やピアソン(K. Pearson, 1857-1936)、フランスのデュエム(Pierre Duhem, 1861-1916)にうけいれられ、さらに論理についての新たな考え方と結びついて現代の「論理実証主義」を生むこととなった。

二　現代の哲学

I　概観——十九世紀とのつながり

現代の哲学を最も広い意味で二十世紀の哲学の意味に取ることもできるであろうが、ここではやや限って、だいたい第一次世界大戦（一九一八年終結）以後現在にいたる時期を眼中におくことにする。それは、内容的に見てこの時期の哲学の進みがひとまとまりのものと見られると思うからである。つまり二十世紀はじめの二十年ほどの間にぼつぼつ現われた動きが、その後の四十年間に或るはっきりした形を画いて来ているように思えるのである。そしてこの四十年を第二次世界大戦で二分して前後の二つの時期に分けることにしようと思う。ただしこの方はむしろ叙述の便宜によることである。

現在および現在に近い過去をどう見るかという場合、もちろん見る人の立場そのものが見られる歴史の姿を決定する度合は著しくなる。いいかえると人によっていろいろに見うるということになる。これはやむをえない。そして大切なことはこの場合いろいろな見方に満遍なく触れることでなくむしろ一つの見方を貫いて或る形を浮び上らせることである。

以下の叙述はそれを目指しての一つの試みである。

十九世紀の哲学

そのためにはまず、さかのぼって十九世紀の哲学のおかれた状況と哲学そのものの動きとについて大体の見当をのべておかねばならないと思われる。（十九世紀の哲学の錯綜がすでに上述のような、歴史家自身の立場をはっきりさせねばまとまらないものなのである）。

十九世紀以来の哲学のおかれた状況について見れば、たとえばそれまでもっぱら自然の基礎理論と見られたニュートン力学に対して新たに電磁気学が並立するというように、科学理論が多次元的に相対的になって来たことであり、同時に各理論そのものがいわゆる仮言的・演繹体系とみられるにいたったことである（この点では十九世紀はじめの非ユークリッド幾何学の発見が公理を仮言的なものとする考え方を生み、これがその後の科学理論の性格を決めている）。そして同じ科学の分化という事態を次に経験の方から見れば、科学の基礎である知覚経験の世界が一様でなくて多次元の構造をもつということであって、このことの意識が次第に深められて現在に及んでいるのである。

第二に、これは上のことに含まれる事態であるが、特記すべきこととして、十九世紀に生物学が新たな科学的自然の見方を示したことであって、特に世紀半ばの進化論の出現は、哲学を大いにゆすぶった。

第三は社会の不安定ということ、別のいい方をすれば社会組織が人為的に改変をゆるすというフランス革命以来の考えが、たえず働きつづけていることである。大げさにいうと政治的社会的革命というものがくりかえされる時期が十九世紀以来はじまっているといってよい。問題は、個人と社会、自由と組織との対立である。そしてたとえばヘーゲルは、個人の自由を原理とする市民社会の分裂態を国家の有機的統一のうちにとり収めうると考えたが、それはそうは行かなかった。革命理論としてのマルクス主義が現在まで少なくとも象徴的意味をもちつづけている。

このような状況の中で十九世紀の哲学はどのような動きを示したか。体系的な哲学は、この世紀の前半では第一に、ヘーゲルの唯心論的綜合に代る唯物論的綜合としてのマルクス主義、第二に、コントやミルの実証主義、にみとめられる。

マルクス主義

マルクス主義は、一般理論としては「弁証法的唯物論」をもち、それを背景に歴史と社会との唯物論的解釈と革命的実践の方策とをふくむ「史的唯物論」をもつ。前者に関してマルクスは、十七・八世紀の唯物論を一方では継承しつつ他方ではそれを「機械的」唯物論としておのれの「弁証法的」唯物論と区別する。自然を弁証法的発展の相において見るというこの考えは、シェリングやヘーゲルがその自然哲学をもってニュートン的力学的自然観に代えようとした考えをうけているが、特にその点をとりあげたエンゲルスは新たに進化論によって自然の弁証法的発展を科学的に実証しうると考えたのであった。——しかしマルクス自身の思想の中心問題は、歴史解釈と実践理論とにあり、ヘーゲルの考えた市民社会の国家への止揚に反対し、市民社会の分裂そのものを徹底して階級戦・革命によって共産主義社会という新たな綜合に向うことであった。マルクス主義は唯物論を前提にした歴史論・社会論・実践論（倫理学）なのである。

実証主義

これに対して、第二に、実証論を基礎にした社会論・倫理学を考えたのはオーギュスト・コントやジョン・ステュアート・ミルである。コントは知識を神学や形而上学から独立な実証的科学の体系として考え、それの綜合の最後の到達点に「社会的自然学」をおき、これを理論的基礎として、フランス革命によって起こされた社会の分裂と動揺とを、新たな有機的秩序をもつ社会の再建によって鎮めようとする。その倫理学（コントのいう「実証政治学」）はカトリック宗教の世俗化ともいうべき「人類の宗教」となっている。——ミルの方は、コントの「実証哲学」をうけつぐが「実証政治学」には賛成せず、ベンサム以来の功利主義・自由主義の社会論をもちつづけるのである。

カント主義

十九世紀中頃に現われた右の二つの綜合につづいて後半に中心的意味をもつにいたったのは、広い意味でのカント主義である。カントの哲学はもともと理論と実践との二元論であるが、しかし一方科学的世界認識と他方倫理とを主体によって統一する綜合的理論とも見なされる（逆に先のマルクスにおける「弁証法的唯物論」と「史的唯物論」、コントにおける「実証哲学」と「実証政治学」、の間には二元性があり、いずれもヘーゲルのような絶対者における一元的綜合ではないのである）。カントが復興されたのは、主として、科学的法則のふくむ論理的数学的形式が唯物論や実証論の認識論では理由づけ難いこと、に動機をもっている。それゆえこの新カント主義は、もちろんさきにのべた十九世紀の科学の分化に対応して、もとのカントとちがった新たな反省をふくむものである。ドイツのカント主義の代表としてヘルマン・コーヘンとハインリヒ・リッカートをとって見ればそのことは歴然としている。コーヘンの場合には科学の理論の多次元性を、範疇の論理的発展の段階としてとらえようとする努力があり、リッカートの場合には逆に科学の基礎にある経験を反省し直して、自然科学とともに歴史科学をも理由づける認識理論にいたっているのである。

これらドイツのカント派の人々にも、カント哲学のもう一つの動機すなわち倫理学・価値論の要求は働いているが、フランスのカント派のシャルル・ルヌヴィエは「知をすてて信に場所をあける」というカントの動機を特色ある仕方で再現した。すなわちかれは、汎神論的形而上学のように世界を無限なものと考えれば人格の自由はなくなると考え、カント主義において世界の有限性と人格の自由との主張を読みとったのであった。

さらに同じ時期にイギリスにおいて、主として倫理的宗教的動機からカントよりヘーゲルにいたるドイツ観念論の影響があったこともつけ加えておかねばならない。それはイギリスの伝統である功利主義に反対して、倫理的権威をもつ社会を考えようとするものであって、カントの形式主義の道徳をこえてヘーゲルの倫理に学ぼうとするが、グリーンにおいて明らかに見られるように、ヘーゲルとは逆に個人の自由を強調するものであり、自由主義の道徳的基礎をドイツ観念論から得ようとするものであった。またもう一人の代表者ブラッドリにおいてはヘーゲルの形而上学的論理がうけいれられたが、それは、時間・空間・実体などの現象的範疇が自己矛盾をふくむことの分析を主としており、弁証法的な対立に重点があって、その対立の綜合である絶対者はヘーゲルの場合のように論理そのものの中に入って来ず、直接的に感知される、とブラッドリは考えている。

ペシミスト・モラリスト

さて上のように十九世紀の表立った体系的哲学は、唯物論・実証論・カント主義にあるが、これを縫って学問的哲学に反抗するペシミスト・モラリストがあった。十九世紀前半ではショーペンハウエル、キルケゴール、後半ではニィチェ。ショーペンハウエルはドイツ観念論の形而上学者の系列に属しシェリングに近い人であるが、その認識論ではカントよりもバークリやヒュームに近い実証主義的考え方をとり、形而上学では実在を非合理的意志と考え、しかも人間がそういう非合理的衝動力の縛を解いて解脱にいたる道は芸術的観照にある、と考える。かれは後期ロマン主義の見地からインド古代の宗教に同感したモラリストであった。——反対にキルケゴールは、ヘーゲルの汎神論に抗して原始キリスト教の信仰にもどろうとし、哲学と神学との境に立つモラリストであった。——最後にニィチェは、ショーペンハウエルに似た考え方から出発し、非合理的意志の世界に対するショーペンハウエルのペシミズムをうけつぎながら、解脱の考え方において、アポロ的な観照の生とは逆に、ディオニュソス的生そのものの徹底を、すなわち「超人」への道を、採ったのであった。

こういう型の思想家は前代にもパスカルやルソーのような姿で現われているが、十九世紀では、はじめにのべたような学問と社会との状況に即して、学問的体系と世俗的社会とに対する反抗を深く示し、非合理主義と孤独との影を濃くしている。それがわれわれの間で「実存」の思想として二十世紀の三十年代以来想起され継承されることになるのである。

II　分析の哲学と生の哲学

上のような十九世紀の哲学のあり方は、二十世紀はじめの二十年近くの間全体としてうけつがれていた。たとえばさきにドイツの新カント学派の中で名を挙げたコーヘンの体系は二十世紀のはじめの十年間に完成されたのであり、リッカートの方は、その活動は第一次世界大戦をこえて三十年代に及んでいる。しかしながら、この時期に、十九世紀をこえて新たな、現代哲学の傾向がすでに現われていたのである。それを二つ挙げよう。第一は科学の分析の進みであって、イギリスの「実在論」の動きについて著しくみとめられる。第二は「生の哲学」の出現であって、これはフランスのベルグソンの哲学、アメリカのウイリヤム・ジェイムズのプラグマティズム、さらにドイツのロマン的歴史主義から出たヴイルヘルム・ディルタイの生の哲学などに現われる。

まず第一の科学の分析の進みということでは、前にのべた十九世紀科学の性格が、物理学において、二十世紀はじめの二十年間に、アインシュタインによって、或る意味で完成され、或る意味で超えられたということを、この時期の象徴的事実とみとめうるであろう。アインシュタインの相対性理論は、内容的には電磁場の力学の拡張解釈によってニュートンの力学をそこにふくめ、十九世紀以来のこの二つの力学の統一をつけたということであるが、その際、時間や空間や物質というような基礎概念の定義を改めることになり、物理学そのものの意味論上の変革をおこなったのである。それで、またこれも前に触れたことであるが、すでに数学的に構成されていた非ユークリッド空間が、それまでもっぱら物理的空間を独占していたユークリッド空間と並んで、否むしろそれを斥けて、新たに物理的空間として解釈されることにもなった。

ラッセル

さて相対性理論およびそれにつづく新物理学の哲学者の側からの解釈は後のことになるが、相対性理論の形成と大体平行して、科学の論理的分析が、数学の公理体系化、および論理学の再吟味という道を通ってイギリスの実在論者バートランド・ラッセル（Bertrand Russell, 1872-1970）その他によっておこなわれたことが、ここでわれわれの第一にとりあげる点なのである。

それは世界観の上からいえば、ブラッドリによって代表されるヘーゲル主義、すなわち有限な事実は自己矛盾をふくんで偽であり、真なるものは絶対的全体である、とする唯心論・観念論（このときのイギリスではカントの観念論もこのようなヘーゲル主義とつながっていると見られている）に対する反撥であった。時間的空間的な有限な世界の事実は有限ではあるが一つ一つが動かしがたい真実であることに変りはない、という「常識の弁護」である。たとえば「私がいまバラを見ている」という命題は、時間的空間的に有限なとるに足らない事実をいいあらわしているかも知れないが、これは真であって、この事実を他の一切の宇宙的事実と関係づけ媒介したところで、その真を偽にすることはできない。しかるにヘーゲル主義の論理は、特殊的一面的真理がみずからの虚偽性を暴露して一般的全面的真理にすすむと考えるのである。ラッセルや、ムア（George Edward Moore, 1873–1958）のような人々は、そういうヘーゲル主義の形而上学的な弁証論を一種の詭弁と感じた。

バートランド・ラッセル

ラッセルはブラッドリの議論が、物のもつ「性質」「関係」はいつもその物の本性に内面的にもとづく、と考える「内面的関係の理論」によっている、と見た。一つの物が、他のすべての物、従って世界全体と、有機的内面的につながっている、というのが内面的関係の主張である。これだと、特殊的事実についての真偽を確定することは、無限の全体に媒介されるまで、できないことになる。それに対して、ラッセルが主張するのは、「外面的関係の理論」であって、「物」とそれのもつ「性質」や「関係」とのつながりは外面的である、というのであり、これによってはじめて、有限な事実についての或る命題の真偽は、他のすべての命題との関係をまたずに、確定可能となる、と考える。ラッセルは有機的綜合的な弁証法を斥けて、機械的分析的な形式論理を、哲学において徹底的に貫こうとするのである。

しかしこういう態度でラッセルがまずとりかかった仕事は、数学の論理的基礎の吟味であり、同時に、論理学の改編であった。すでにいった公理体系についての仮言的考え方が、論理学そのものについて実行される。伝統的論理学は定言的推理をもとにしているが、ラッセルは、まず仮言的推理を命題相互の関係の論（「命題算」）として考え、その基礎の上で定言的推理（「述語算」）を、集合ないし命題函数（「述語」）の導入によって、立てるのである。そこで「述語」と「主語」（個別者）との区別、すなわち「集合」と集合の「要素」との区別（「一般名詞」と「固有名詞」との区別）がはっきりさせられ、「全称命題」・「特称命題」の考え方も伝統論理とはちがったものになる（全称命題「すべての人は死ぬものである」は「何らかのもの（任意の個体）が人であるならばあらゆる場合にそれは死ぬものである」という仮言的形式になり、特称命題「ある人は不正直である」は「人間であって不正直であるような個体が少なくとも一つ存在する」という存在命題として解釈される)。

ラッセルはこのような論理学をもって、数学を論理学の延長と解する論理主義的解釈を、ホワイトヘッドと共同で『数学原理』三巻に示した後、哲学の問題にかえり、科学的知識の内容を普遍と個別との上述の論理的区別に従って分析した。ただし認識論はもちろんそういう論理的区別だけでなく、主観が客観を知る知り方についても考えねばならないから「直接知」(熟知 acquaintance による知識)と間接知(記述 description による知識)との区別を、そこに加える。直接知は感覚的所与を「個別」とし、同時に、直接に知覚される時間的関係や類似関係を「普遍」としてふくむ。間接知は物理的対象やそれについて知られる関係をふくむ。

このときのラッセルの立場の特色は、感覚的所与や物理的対象という個別者の存在をみとめるとともに、類似関係や因果関係などの「普遍者」をも、個別者と同格に存在するものとみとめるところの実在論である、ということである。普遍者が個別者とならんで実在するという、中世の意味での「実在論」(実念論)がこのときラッセルやムアによって採られているのである。

ブレンターノ、マイノング、フッサール

こういう論理的意味での実在論(「名目論」に対する)と、物理学対象についての実在論

（「観念論」に対する）とをいずれもみとめながら、科学的認識を考える立場は、このとき、さまざまな見解の差はありながら、ドイツやオーストリヤにおいて、ブレンターノ（Franz Brentano, 1838–1917）、マイノング（Alexius Meinong, 1853–1920）、初期のフッサール（Edmund Husserl, 1859–1938）らによっても採られていた。しかしながら、概していえば、形式論理学そのものを組みなおし、伝統的論理形式に対する吟味を徹底した上で、数学や自然科学の分析に向うという点で、ラッセルの仕事は大陸の実在論者とはちがった特色をもっていたとみられる。ラッセルの論理学（これはもちろんラッセル一人の手で出来たものでなく前史があり後史があって、現在の「科学の哲学」の共有財である）は、伝統的アリストテレス論理学を名目論の方向に改めたものであって、ここにのべたラッセルの哲学上の実在論も、この後次第に名目論（実証論）に移行してゆくが、それは科学的認識の論理的分析を徹底してゆくことを通じてであった。これに比するとマイノングやフッサールの実在論は、科学理論そのものの分析よりは、むしろそのもとにある人間的経験世界の分析と記述の方にすすんだのである。後にのべるフッサールの現象学およびそれに色々な程度で与かる人々の仕事はそれであった。

ベルグソン

二十世紀はじめの二十年間に現われた新たな動きの第二のもの、生の哲学へのすすみについて考えねばならない。これは度々いったように十九世紀の科学そのものによってすでに或る程度要求されたことである。科学の多次元性自身が人間的経験の構造の吟味を新たに要求するからである。しかしラッセルやマイノング、フッサールのような実在論が主に念頭においた科学は物理学であったが、これから見ようとする生の哲学は、科学との関係では、生物学に密接している。特に進化論がつよい関心事となっている。のみならず、そのような科学の基礎経験の吟味ということばかりでなく、生命経験の価値を重んじ、生の充実の中に「善」を見ようとする態度がはっきり哲学の動機となっており、科学的経験とは別の次元にそういう生の経験をもとめることにもなっている。

　まずフランスのベルグソン（Henri Bergson, 1859–1941）の考えを見よう。これはわれわれの経験について科学的客観性の極と主観的内面性の極とを考え、前者に向うのが科学的知性的認識であり、後者すなわち内的生命そのものを直観することが哲学であると考える。科学的経験の次元を全くこえた生命経験の探究を哲学の固有の問題とするのであり、真の実在は内的生命の流れそのものにあると考える。

　上の両極をベルグソンはもっとも一般的には「空間」と「時間」、「量」と「質」、の対立とし

ベルグソン

てとらえる。まず科学についてベルグソンはデカルト以来の幾何学主義の解釈を徹底する。科学はすべてを同質化(「量」化)し「空間」化する。時間に関係させていえば科学的世界は「同時性」の世界である。そこに真の意味の「継時性」・「持続」はない。たとえば天文学的時間、一般に物理的時間は、力学の方程式の一変数としてあり、引かれた線であって、時刻はその線をある単位で切って生じた点であり、ある長さの時間とは実はそういう線上の点の数である。物理的時間は同時的空間における点を数えて得られる数なのである。それは実は時間でなく空間なのである(ベルグソンは天文学や物理学を考えるとき、もっぱらその数学的理論的表現に着眼し、そういう理論の経験的解釈の方は軽くみる、というデカルトの見方をうけついでいる)。

真の「時間」すなわち「持続」は、物理的時間のように同質的空間的なものでなく、われわれがみずからの内的生命として直観する質的な流動そのものであり、非可逆的な発展である。そして物理的世界が見かけ上時間において持続すると信ぜられるのは、われわれが内的生命の持続を、一種の「滲透作用」によって知らず知らず空間的世界に移入して考えているからである。

しかしベルグソンが問題とするのは、これとは逆の「滲透作用」なのであって、すなわち科学的空間的世界の考え方が、知らず知らずの中にわれわれに内的意識的生命の量的空間的解釈をとらせているということであり、かれはこれを排除しようとするのである。第一にとりあげられたのは「自由意志」の問題であった。決定論は、身体の生理を機械的に考えるとともに、心理現象をも「連想律」によって法則的必然的に見ようとする。これは無意識的滲透作用の例である。そしてこれに対して自由意志を弁護する非決定論は選択の自由を主張するが、その考え方は、すでに存在するところの二つの道のどれかを意志が選ぶという考え方であって、これもまたすでに内的意志の働きを空間化して考えている。結局真実な自由は、いわゆる決定論・非決定論の争いの底にある生命空間化の誤りを脱却することによって、真の持続そのものの中に見出される。自由とは上のような意味での選択ではない。異質的有機的な全体としての生命（自己といってよい）が各作用に全面的に表現されるときその作用の性格を自由というのである。

ベルグソンは第二に、心身の問題についても同様に考え、内的持続すなわち心そのものである「純粋記憶」と、身体的空間的な「純粋知覚」（これは行動のためのものであり、むしろ可能的行動そのものである）とを分つ。「純粋記憶」としての心は、身体の随伴現象でなく独立な根本的な実在であり、行動のために身体とつながっているだけであり、心が全面的に身体現象に表現されることはない。心身平行論はすてられる。

第三に、自然界における生命の進化の過程も、機械論はもちろん目的論でも理解できないのであって、各生命形態は創造的生命が物質につき入ってつくった形なのである。生命は植物においてエネルギーの貯蔵庫のような形をとるが、動物では覚醒と睡眠のリズムを生じ、覚醒は貯えられたエネルギーの爆発のようなものである。そしてこの動物的生命は、本能と自動化の方向では甲殻類・昆虫を生み、知性と自由へ向う道では脊椎動物を生み、多くの袋小路に出会った後、人間において最高の自由に達しているのである。

ジェイムズ

ベルグソンが、空間化する科学と時間的生の直観である哲学との二つの次元を鋭く分ち、デカルトの二元論の面影を残しているのに対し、イギリスの経験論を背景として、生の哲学を「純粋経験」の上に立てたのはアメリカのウィリヤム・ジェイムズ（William James, 1842-1910）である。ジェイムズの考えは、その立場そのものからは「根本的経験論」と呼ばれ、その方法の上からは「実際主義」（プラグマティズム）と呼ばれる。

「根本的経験論」radical empiricism が特に「根本的」というのは、単に「もの」（与えられる内容）のみならず「もの」の間の「関係」もまた経験される、という意味である。ものの間の類似や時間的空間的遠近の関係や因果関係など、カント主義の認識論において知覚経験とは別の悟性の綜合の働きに帰せられたものは、実はやはり経験そのものにふくまれているのだ、と考える。そしてジェイムズは、特に認識における客観と主観との二元性を同じ経験の二面として解釈することに力を用いたのであった。――カント主義においては、対象世界に対する「認識主観」を「先験的意識」として立てる。ものがあるということは、そういう意識（世界全体をうつす鏡のごとき）によって志向されてあるということなのである。しかるにジェイムズはこのような意識を原理として採ることが、経験を離れて抽象にたよることであると考え、意識したがって主観と客観との対立を、経験に内在化しようとする。ひとつの経験内容たとえば眼前の机は、或る前後関係すなわち机のある部屋、家全体というように見てゆけば客観的物理的存在であるが、同じ机が私という人間の経験に即して昨日もその前の日も書見に使った机であると再認される場合、それは主観的な知覚としての机なのである。物とその観念とは二つのものでなく、同じ一つの経験内容が異なる前後関係において示す姿にほかならず、それは空間の一点が二つの線の交点でありうるようなものである。逆にいえば主観的関係も客観的関係もひとつの経験の過程の中にふくまれる関係なのである。つまり「根本経験論」の主張であるところの「関係もまた経験される」ということの中には、主客関係すなわち「意識する」・「知る」という関係もふくまれるのである。だからカント主義の考えるような主観（意識）は実は存在せぬのである。

ウィリヤム・ジェイムズ

さてこのような意味の経験を原理にして、多くの世界観の「意味」を判定する方法が「実際主義的方法」である。それは第一に観念（思想）の意味はそれを真とした場合に生ずる実際的結果すなわち経験における効果にある、ということである。そこで二つの意見が争う場合、それぞれを真と仮定して生ずる効果が等しければ、二つの意見はただ言葉の上での相違しかもたないことになる。第二に実際主義的方法は、思想の意味判定のためにのみならず、真偽の判定の方法でもある。「真理」の実際主義的な定義が与えられる。或る思想が真であるとは、その思想（これはわれわれの経験の一部分である）がわれわれを導いて経験の他の部分との満足すべき関係に入らせる、ということである。これは科学の実験的方法において仮説が検証によって真とみとめられるということに典型的に示されるが、科学的真理のみならず世界観についても同じことがいえるのである。そこで「真理」とは、思想と独立な事物と、思想との、静的な一致ではなく、動的な経験において一つの思想について起こる「真理化」（検証 verification）という出来事の名である。一つの全体的真理が時間的過程をはなれてあるのでなく、多くの真理が経験の中に生起するのである。しかもその経験は動的生命的な経験であって未来に目的（善）を志向するものであるから、「真理」は結局「善の一種」であり、「信念（命題に表現される）に関しての善」なのである。

ジェイムズの実際主義的方法はかくてすべての思想を生命経験に還元する方法なのであって、かれは、科学の命題のみならず、形而上学や宗教をもこの方法により解釈し批判した。絶対観念論（神を「知る者」として立てる形而上学）の一元論に反対して「多元論」を、また他力の宗教に反対して自力の宗教を採った（この実際主義的方法が、もっぱら科学の実験的方法に帰着させられ科学的自然主義の哲学にいたるのはジェイムズをつぐデューイにおいてである）。

ディルタイ

二十世紀はじめの生の哲学の第三の代表者はヴィルヘルム・ディルタイ（Wilhelm Dilthey, 1833–1911）である。ベルグソンもジェイムズも科学を問題にするときもっぱら自然科学をとりあげているのに対し、ディルタイは歴史学・文献学などの人文科学（「精神科学」）を問題とし、精神科学の基礎をたずねて歴史的生の哲学にいたったのであった。

ディルタイはかれ自身の世界観という点ではロマン主義的汎神論に同感する人であるが、シェリングやヘーゲルの概念的形而上学に反対し、ロマン主義者の中ではノヴァーリスとシュライエルマッハーの思想をうける。そして形而上学に反対してすべてを「経験」にもとづけるコントやミルの実証主義に同意するが、その「経験」をコントやミルのように自然科学的経験としてでなく歴史的生の体験としてとらえ、そこに自然科学とは次元を異にした歴史的精神科学の基礎をもとめようとするのである。

ミルは精神科学の基礎学として心理学を採ったがその心理学は自然科学的な「説明心理学」（連想の仮説によって心的事実を説明する心理学）であった。ディルタイも精神科学の基

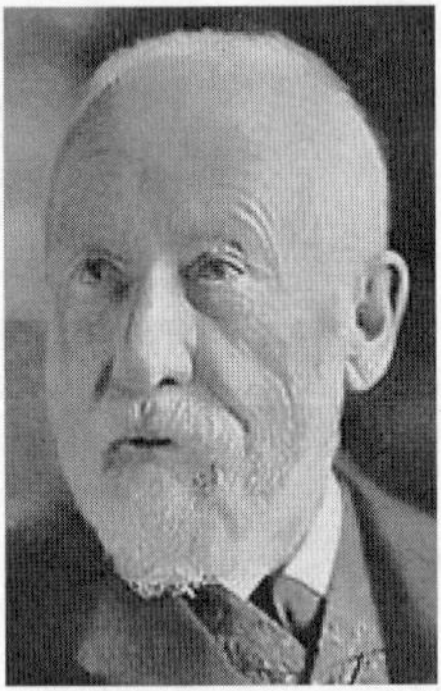

ヴィルヘルム・ディルタイ

礎学を心理学であると考えたが、その心理学は生の体験の事実を、仮説による説明をすてて、分析し記述する「記述心理学」でなければならないと考える。しかもこの場合事実の記述とは、未だ法則的説明に達しない不完全な知識を意味するのでなく、心的事実は間接的説明を要しない明証をもち、かつ心的事実相互のつながりもまたそれ自身体験される、と考える。そしてそこにみとめられる多くの有機的構造のつながり（「生の構造連関」）が人間的生全体の理解の基礎を与えるのである。

意識的生にはそれが志向する「内容」と志向の「作用」との両面がある。「内容」とは、例えば見られるもの、聞かれるもの、思い浮べられるものをいい、必ずしも実在する対象に限らない。「表象されるもの」一般である。「作用」とは、見たり、美しいと感じたり、愛したりする働きのすべてであって、これは「内容」と同様な意味で「表象される」のでなく直接に「体験される」。そして同じ「内容」たとえば一つの花を、われわれは知的に「把握」しまた美しいと感情的に「評価」し、意志的に「欲求」することができるのであって、意識の「作用」には知・情・意の三つの態度を分つことができる。

さて表象された「内容」に対する「作用」のこれら三つの働き方は、第一にそれぞれの領域において多くの作用の段階組織をつくっている。知的把握において知覚・記憶・想像・判断・疑いなどの働きが次々に発現し、感情的評価においてよろこび・おそれ・愛憎などが現われ、欲求において希望・欲望・意志などの諸作用が現われるのである。しかも第二に、これら三つの領域相互にもつながりができており、かつ場合に応じて知・情・意のどれかが支配的に働いて他を従属させるというような構造連関が示される。

そして第三に、こういう構造連関の発現の基礎には、意識的経験（体験）の時間的過程が横たわっているのである。この時間は、作用の体験そのものを「現在」にもち、「過去」を負い未来をはらむ内的時間であり、生の構造連関の形成過程そのものなのである。

ディルタイはおよそこのような記述心理学をもって哲学の諸問題に臨み、認識論については、「外界の実在性」の経験を単に知覚経験のみならずむしろ意志作用における抵抗の経験にもとづけ、「他我の認識」の問題では他人の表情の知覚そのものと結びついた共感（追体験）を土台にして、さらに表情のみならず、行為や言葉の「理解」を考えた。そしてこれがディルタイの最大の関心事である精神科学的認識の基礎づけにおいて、体験・表現・理解（解釈）の連関の追求となった。――価値論でも、倫理学について諸価値の経験論的導出を試み、倫理的価値として「内面的自己の高揚」（自己完成）・「親愛」・「正しさ」（例えば約束を守ることなど、法的義務の規定）を見出し、美学においては、感情が知覚において「意味ぶかい」「典型的」形式をうきたたせること、ことに言語を素材とする文学においてはそのことが、具体的な詩や物語りによって「人生の意味」を暗示するにいたることを明らかにした。

さてこのような三つの次元をもつ生の構造連関の発展はその最終の段階において生全体の意味を問う形而上学的意識に達する。それは生と死、運命と自由、生の有限性、についての謎に対する答えとして諸々の「世界観」を生み出す。それの表現は、不可視なものとの交わりとしての「宗教」と、人生の意味を暗示する「文学」と、概念的認識によって世界と人生の意味を表現しようとする「形而上学」との三つに示されている。そしてこの三つの領域のそれぞれにおいて、世界観の三つの型が、相似的に現われている。それが最も明確に表現されている形而上学について見れば、第一に主として知的世界認識において自然的宇宙の巨大と人間の微小との対比の印象をもととした「自然主義」(唯物論・実証論)、第二に世界の感情的評価を基礎に世界が生命と精神に満ちた全体であると見る「客観的観念論」(汎神論)、第三に世界に対する主体の自由と尊厳とをつよく意識する「自由の観念論」がある。「自然主義」はデモクリトス、エピクロス、ヒューム、コントにあらわれ、「客観的観念論」はストア派、ブルーノ、スピノザ、ライプニッツ、シャフツベリ、シェリング、ヘーゲル、シュライエルマッハーに現われ、「自由の観念論」はプラトン、デカルト、カント、フィヒテに現われている(同じ型は、宗教では「魔術的」な原始的自然宗教、東洋の汎神論的宗教、ユダヤ教・キリスト教・マホメット教のような人格神論の宗教、においてみとめられ、文学ではレアリズムの文学、ゲーテの文学、コルネーユやシラーの文学に見られる)。

ところでディルタイ自身ははじめにのべたように概念的形而上学を学問的知識としては否定するのである。その理由は第一に、生の異なる三つの次元が一つの概念的世界においていわば平面的に表現されえぬということであり、第二に形而上学は各次元において「絶対者」「無制約者」をもとめることにより、解決不可能な問題にいたる、ということである。そこでディルタイは諸形而上学を歴史的生の中に相対化して示したのである。けれどもこのディルタイの形而上学否定は例えばヒュームやコントの形而上学否定とは異なることもまた明らかである——形而上学否定の第一の理由に応じてはディルタイ自身の「生の自己省察」としての哲学が真なのであり、第二の理由すなわち絶対者・無制約者の追及ということも、ディルタイにおいては、人間的生そのものがすべての問いに対する答えを与えるという信念によって、いいかえれば生そのものを絶対とすることによって、或る意味で達せられているともいえる。かれはヘーゲルのような論理的思弁を斥け、形而上学の形をとった「世界観」をすてて、「世界観論」にいたったが、このようなかれの哲学そのものの基礎にある「生」の理解は、客観的観念論・汎神論に属する生の理解にほかならなかったのである。

Ⅲ　現代の哲学（その二）

ヴィトゲンシュタインと論理実証主義

さて上述のように二十世紀初めの二十年間にあらわれた二つの傾向、即ち第一に実在論の見地からの科学的論理的分析の哲学と、第二に人間的生の反省としての「生の哲学」とは、第一次大戦後の二十年間に、特色ある展開を示すことになる。われわれが「現代の哲学」という語で主に意味するのは、この時期以後の哲学のことである。まず、論理的分析の方向における発展を見よう。そこでは、ラッセルとヴィトゲンシュタイン（Ludwig Wittgenstein, 1889-1951）との「論理的原子論」と、それにつづく「論理的実証主義」とが注目される。

ラッセルは既にいったように、ブラッドリのヘーゲル主義に反対して新論理学を拠りどころとする実在論にいたったが、この実在論は経験される個別者とともに普遍者をも存在するとみとめる実在論でもあった。しかしラッセルはその弟子ヴィトゲンシュタインとともに、普遍者を消去する名目論的立場にうつってゆく。特に、論理が存在について何事をも語らず、論理学を世界の一般的構造の理論（一般存在論）とすることはできぬという反省が、著しくなる。そうして生れるのが「論理的原子論」の見方である。

「論理的原子論」とは、第一に「世界」を単純な「原子的」「事実」の集合と見る（「事実」state of affairs, Sachverhalt とは例えば「これは赤い」というような命題を真ならしめる何ものかである。「物」と「関係」乃至「属性」との複合であり、しかも上例のような、「これ」という個別者が「赤い」という感覚的性質をもつという事実は、他のさらに複雑な事実の単純要素をなす事実、即ち「原子的」事実なのである）。そして第二に、原子的事実を映す（いいあらわす）命題を「原子的命題」といい、われわれの知識の基礎は多くの相互に独立な原子的命題にのみあると考える。従って第三に、あらゆる知識（大抵複合的命題としてあらわれる）は、単純命題から論理的に構成され演繹されるが、その際論理は、世界の知識に内容的に何ものかを加えるのではない。基礎におかれた原子的命題の真偽によって、そこから論理的に導かれるあらゆる複合命題（すなわち知識）の真偽は、

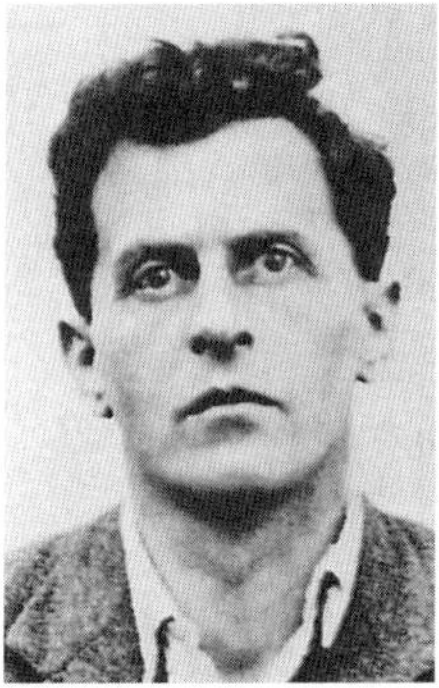

ヴィトゲンシュタイン

一義的に決定される（これが、「論理学は存在論でない」と上にいったことの意味である）。そして第四に、原子的命題の真偽を観察によって決定することは自然科学の任務であるから、哲学の任務はもっぱら上のような世界と知識との枠によって複合命題の「意味」（真なる命題とともに偽なる命題も「意味ある」命題である）を論理的に分析することにあると考える。

しかしながら一寸考えれば分るように、原子的事実を映す原子的命題とその論理的複合とのみが「意味ある」命題であるとすると、上のような論理的原子論という哲学的主張そのものをいいあらわす命題は、そのような枠をはみ出す命題であるから、「無意味」になってしまうであろう。つまり、「命題は事実を映す」という認識論的命題や、「複合命題の真偽は原子的命題の真偽により決定される」という論理学的命題は、その論理的原子論そのものによって無意味とならざるをえない。ヴィトゲンシュタインはこのことをみとめるとともに、哲学を一種の直観に帰する道をとった。すなわち事実と命題との関係はもはや哲学的命題として言語的にのべることはできず、命題の形そのものにおいて「明示されるほかなく、また命題と命題との論理的関係も、ひとつの形として直観されるほかはない（「論理学」それ自身を公理と論証とによる体系とするのでなく一種の直観的洞察に帰するのである）。しかし同じ論理的原子論をとったラッセルは、このヴィトゲンシュタインの直観主義に従わず、一つの命題自身について語る命題は、はじめの命題とは次元（型）を異にするがやはり命題であって、論理学的命題は内容的事実を語る命題についての命題であるけれども、型の区別をみとめればやはり有意味である、と考える。ラッセルはヴィトゲンシュタインの直観主義に反対して、論理主義を、哲学において貫こうとするのである。そしてこの方向の哲学の発展はさしあたりラッセルの見解を継承しておこなわれる。それが論理的実証主義であった。

ウィーン学団

一九二九年からウィーンにおいて科学的世界把握を標榜する反形而上学的な学派（ウィーン学団といわれる）がモーリッツ・シュリック（Moritz Schlick, 1882-1936）やルドルフ・カールナプ（Rudolf Carnap, 1891-1970）を中心として生れ、他からハンス・ライヘンバハ（Hans Reichenbach, 1891-1953）などが協力して「論理的実証主義」の運動がおこり、イギリスではエイアー（Alfred Jules Ayer, 1910-1989）に代表され、ナチスの勢力がつよくなってからはウィーン学団の人々はイギリスやアメリカに亡命して活動するにいたった。

ラッセルやヴィトゲンシュタインの論理的原子論を「論理的実証主義」は継承するが、それを反形而上学的科学主義として主張するのである。知識の源泉は感覚的経験にのみあること、科学のみが有意味な命題をあつかうのであって、形而上学や神学の命題は真も偽もない無意味な命題である、という。この主張は「検証可能性の原理」としていいあらわされる。「あらゆる命題の意味は、その命題の真偽を検証する方法にある」という。命題が「有意味」であるとは、その命題が真あるいは偽であるということであり、その真偽は感覚的経験により検証(verification)されるのであって、従ってある命題が有意味であるとはその命題が検証可能性をもち、検証の方法をもつ、ということにほかならない。そしてこの原理を厳格にとれば、超経験的な要素をもつ神学や形而上学の命題はもちろん、価値を表現する命題(例えば倫理学の命題)もまた学問的に無意味であることになるのである。

実証主義は既述のように十九世紀はじめコントにおいて一種の形而上学的綜合にまで進んだが、その後、世紀の末以来ヒュームのような経験論・感覚論によって科学的命題を解釈する立場(たとえばエルンスト・マッハの実証主義)に示されていた。いま論理的実証主義は、ラッセルの新論理学を武器として、新たな尖鋭な科学主義として現われたのである。しかし上に論理的原子論について指摘したと同様な問題が、論理的実証主義にもひそんでいたことはいうまでもない。検証の方法である感覚的経験は多少とも各個人にとって私的な経験であって、それは「痛み」の感覚のごときでは著しいが、この私的経験がそのまま科学的命題の検証に役立つとは認められない。そこで検証の方法としての感覚的経験を、各人に共通な公的な経験に限ることになり、心的事実を身体的物質的事実に還元することになった(「物理主義」physicalism といった)。これは無理を含んでいる。またすでに論理的原子論についてみとめられた困難、即ち事実と命題との関係を表明する認識論的命題そのものは「検証可能性原理」に照らせば明らかに無意味であるから、実証主義者は「事実」について語ることを断念してもっぱら命題についてのみ語らざるをえなくなる。そこで知識の基礎なる「原子的命題」について新たに反省を加え、「これは赤い」を「或るとき或るところで赤を見た」、というような形にいいあらわす工夫をしたが、時と場所の限定そのものは生の感覚的経験をこえており、これをさらに感覚的所与に還元するにしても同様な困難がくりかえし現われることになるのである。

結局論理的実証主義は、形而上学否定の偶像破壊的運動の性格を徐々に失い、検証可能性の原理は、科学的命題の定義であって、形而上学や神学を否定するところの、それ自身超科学的な主張、でなくなる、とみとめられるようになる。「論理的実証主義」は「科学の論理的分析」という一つの専門的な仕事に変っていった。そして英米の哲学者は、論理的原子論や論理的実証主義によって教えられた、言語分析の仕事を、科学的言語に限らず、日常言語にも及ぼし、哲学的問題を日常言語の分析によって解こうとする方向に進んだ。しかしこの方向は第二次大戦後著しく現われるから、後節でとりあげることにする。

ベルグソン

上のような論理的分析の哲学に対して、生の哲学のほうは第一次大戦後どういう姿を示したか。戦前の生の哲学者として最初に挙げたベルグソンは戦後にも新たな業績を示しており、特に『道徳と宗教との二源泉』（一九三二年）において「閉ざされた社会」と「開かれた社会」との対比を示し、「閉ざされた社会」に支配する強制と義務の道徳と、「開かれた社会」における生の自発性の発現としての道徳とを考え、また同様にして危険に対する社会の本能的自己防禦としての神話的儀礼的な「静的宗教」と、愛の飛躍としてあらわれる「動的宗教」とを区別した。

デューイ

デューイ

プラグマティズムの哲学ではジェイムズに代ってデューイ（John Dewey, 1859–1952）が中心となる。そしてジェイムズが宗教的乃至世界観的要求をつよくもっていたのとは異なって、デューイは自然主義的であって、実際主義的方法をもっぱら科学の実験的方法にもとづかせ、科学方法論（「探究の理論」）としての論理学を形成し、論理的思考を行為のための「道具」と解釈する「道具主義」instrumental-ism にいたった。そして同時に、行為の目的が社会的善にあるべきだと考え、しかもその善を個々の状況の科学的認識に即した多元的な相対的な善であると認めて、実際主義を社会的生の基準たらしめる。

ディルタイの歴史的生の哲学も多くの後継者をもった。ドイツの外ではその考えを特色ある仕方で発展させたスペインのオルテガ・イ・ガセト（Ortega y Gasset, 1883-1955）の名が記憶される。

ホワイトヘッド

さてすでに第一次大戦前に開始されていたこのような生の哲学の歩みに対して、第一次大戦後に新たな姿をはじめて示した同じ型の哲学として、われわれはまず英米の哲学者の中からホワイトヘッド（Alfred N. Whitehead, 1861-1947）をとりあげるべきであろう。

ホワイトヘッド

ホワイトヘッドはもともと数学者であり科学哲学者であって、ラッセルとともに『数学原理』を書いた人であり、相対性原理の哲学的解釈、また物理学における数学的理論と実験的事実との間のつながりの論理的分析に従った人である。しかし第一次大戦後、ラッセルとは反対に、科学的世界像を汎神論的形而上学の中に込めるという、特色ある生命哲学に到達した（同じ時期にラッセルもある意味で人生哲学に向い、政治・社会・教育・文化を考えることに主力を傾けるにいたったが、ラッセルの方は一旦捨てた汎神論的綜合を最後まで拒否する二元論にとどまった）。

ホワイトヘッドは物理学における相対性理論・量子論の出現によってデカルト、ニュートン以来の機械的（力学的）自然観が根本的に変えられたとみとめ、自然学の基礎学は物理学から生物学へうつされたと考える。機械的自然観は、時間と空間との或るきまった位置をもつ物体というものから自然を構成する。けれども相対性理論によって時間と空間とが内的に統一されることになり、かつ量子論によって物質要素は有機的組織体というべき性格をもつことが示された上は、もはや機械的自然観をすてて有機的自然観をとらねばならないのである。電子も原子も小さな有機体であり、生物は大きな有機体である。その間にはさまるいわゆる無機的物質は実は小さな有機体の集まりなのである。そしてこのような有機的統一体の単位を考えると、それは時空的「出来事」というべきものなのである。

このように自然を有機的体系とすることによって、デカルト以来の精神と物質との二元論即ち「自然の二元分割」は否定される。ベルグソンさえも科学的自然を幾何学的機械的に考えたために一種の二元論を残しているが、いまや物理的自然そのものの有機性をみとめるにいたれば、二元論は完全に脱却しうる、とホワイトヘッドは考える。そこで物質そのものが、生命あるものとして、意識と無縁なものではないのであって、「出来事」（「現実有」とも「現実的機会」とも呼ばれる）の一々は他を映すというべく、むかしライプニッツの考えた意味で一は他を「知覚」しているといってよい（ホワイトヘッドは「把握」という語を用いた）。そして出来事はまた、「外」に対して「内」をもち、自己自身を内的に感じているのである（「自己享受」という）。

およそ上のような自然の見方をもとにしてホワイトヘッドは、そこへわれわれの知覚・思考・評価の経験を加えた全実在を、一種のプラトニズムをもって綜合的に考える。まずわれわれの知覚経験に注目すれば、たとえば一つの花を見るとき花は経験の一つの「現実的機会」であって多くの事件の有機的綜合であるが、そこにはすでに「赤い色」というような「普遍者」がみられる（「赤」「色」は他の「機会」にも出現する「普遍者」である）。しかし「赤」や「色」は形式的でなく実質的な普遍者であるから、「普遍者」と呼ぶよりも「永遠的対象」と呼ぶ方がよいとホワイトヘッドは考える。そこで、われわれの知覚経験の機会には、永遠的対象が、いわば化学的結合の場合の触媒のように、入りこんでいるのである。

さらに思考をふくむ認識経験を考えるならば、われわれの認識において、論理的なイデア的な規定が現実的綜合の中に入りこんでいることはいうまでもない。永遠的対象の領域には単に色のような本質のみならず論理的形式的本質も含まれ、それが相互に外的な関係において一つの体系をつくっていて、そういうふうに可能性の領域にある諸々の永遠的対象が、現実の経験において内的な関係に綜合されるということが、われわれの認識経験そのものなのである。

そしてイデアの侵入による現実的綜合が到達する統一の安定度がすなわち物の価値として経験される。ホワイトヘッドは美的価値をモデルにして価値一般を客観主義的に考えた。結局プラトン的イデアの有機的現実化として経験の諸相を解釈し、知覚にも思考にも価値評価にも客観性をみとめる、というのがホワイトヘッドの考えである。そしてこういう現実化を生む究極の創造的なエネルギーが、神であり、神にも永遠的可能的な性質と、時間的現実的な、有限な性質との両面がみとめられる。――ホワイトヘッドは現代の論理学・数学・自然学を十分に省みながら、プラトンの『ティマイオス』の自然哲学に似た見方にいたったのであった。

フッサール

さて両大戦にはさまる同じ時期のドイツでは、主としてフッサールの現象学の影響の下に、広義の生の哲学の独特な発展が見られた。すなわちマックス・シェーラー（Max Scheler, 1874–1928）の現象学的価値論と人間学、ハイデッガー（Martin Heidegger, 1889–1976）の現象学的存在論、ヤスパース（Karl Jaspers, 1883–1969）の実存哲学などである。

それらを省みるにはさかのぼってフッサールのことをいくらか考えておかねばならない。すでに触れたようにフッサールははじめ論理学の心理主義的解釈を斥け、論理学の原理は心理的法則でなくて論理的意味の本質法則であると考える実在論的見方をとったが、同時に、意識を志向作用と考えるブレンターノの考えを継いで、意味や認識についての記述心理学的考察をもおこなった。そして結局、ラッセルのような論理的分析の方向によりも、志向作用の分析の方向にすすみ、すべてを意識の場で見る現象学に向うのである。

たとえば知覚において、対象への志向の作用は、作用に与えられた感覚的所与（作用質料）を客観化して対象の性質たらしめるが、対象そのものは志向作用の変容に対して独立な統一であり、同一の対象について知覚・想像・判断など作用性格の異なる志向作用が向いうるのである。ところで一つの物体たとえば一つの箱を知覚するときその前面は見えても背面は見えない。背面は前面とつながって存在することをわれわれは意識しているが、その志向は、前面の知覚のように充実されていない「意味」の志向である。この志向はわれわれが箱のまわりをまわって背面を直観するにいたってはじめて充実される。物の知覚についてもみとめられるこのような意味志向とその直観的充実ということをもって、フッサールは認識一般を解釈したのであった。

フッサール

しかるにフッサールはのちさらに一歩を進め、意識の対象志向の作用を、対象構成の作用とみることに進む。これは対象の存在そのものを観念論で解釈することである。そしてそれは、意識を超越論的意識にまで高めることによってのみ達せられること、いうまでもない。これは対象が外から与えられるプシュケー（心）の段階から、対象そのものが自己であるようなヌース（知性）の段階に進むことである。フッサールも純粋意識において対象とそれを構成する作用とを分析する超越論的現象学に達したとき、作用の側面をノエシス（ヌースの働き）と呼び、対象の側面をノエマ（ヌースの対象）と呼ぶ。そしてプシュケーからヌースに進む方法が、フッサールにおいて、自然的意識から純粋意識にいたる「現象学的還元」の方法として説かれていることなのである。この手続きは、第一にものの個別的な姿において普遍的形相を直観するという「形相的還元」（「形相化」）であり、第二に対象の実在性を素朴に信ずる自然的態度を括弧に入れ、そういう判断を停止して、対象を志向的意識の内容とのみ見る狭義の「現象学的還元」であり、しかも第一の形相化は意識作用そのものについてもおこなわれるのである。

フッサールはこのような超越論的現象学の立場から物や身体や心理的事実を構成するという仕事を終生つづけたが、そこにいくつかの著しい点がみとめられる。第一は「他我」の構成の困難であって、フッサールは一種の感情移入による解釈をとるけれども、かれは超越論的意識そのものの作用の軸を「我」と考えるので、「他我」を「我」に同格に対するものとはみとめることができない。第二は、さきに触れた意識の作用質料としての感覚的所与についての問題であって、いわば意識の底をどう考えるかの問題である。フッサールは意識の志向作用の最後の根柢を、時間の流れとしての体験流にもとめ時間の過去・現在・未来の様態が志向作用そのものの原始的な姿であると見た。これは後の人々が存在を時間性として解釈する端緒となった。また第三に、晩年のフッサールは還元の出発点に与えられる自然的意識そのものの構造をも反省し、「生命世界」（生命の環境世界）についても考えた。フッサールの超越論的現象学は、超越論的観念論に立つものではあったが、カント主義の場合のように超越論的意識を論理的に要請するのでなく、どこまでも直観と体験との場において超越論的構成を考えるのであって、現象学が広義の「生の哲学」の性格をもつのもそれによるのである。

シェーラー

マックス・シェーラーは、フッサールとはちがってはじめから時代の倫理や政治や宗教の問題に鋭く反応した思想家であり、フッサールの現象学的方法をそれらの問題に大胆に適用した。最初の業績は現象学的価値論・倫理学においてすでに第一次大戦前に示された。現象学において、個別において直観される形相（本質）は、数学的対象のような形式的な本質のみでなく、色一般というような実質的なアプリオリな本質をもふくんでいる。こういう実質的なアプリオリをみとめることが現象学の直観主義の特色であった（だからウィーン学団の実証主義者は現象学のこの点に強く反対したのであった)。シェーラーはこの考えを倫理学においても積極的にとりあげ、カントの倫理学の形式主義に反対して実質的な価値を倫理学の原理としようとした。

マックス・シェーラー

価値は、意志の「目的」や努力の「目標」やいろいろな「財」と同一視されてはならない。価値とはそういう「財」や「目標」を善きものたらしめる本質そのものであって、感ぜられるもの、感情の志向的対象なのである。——感情はたとえば気分のように対象をもたぬ場合もあるが、そういう場合はむしろ特殊な場合であって、本来的には感情も一つの志向作用なのであり、その志向の対象の本質が価値にほかならないのである。そして価値はいろいろな条件によって変容され個人や時代や社会のちがいに相対的であるように見えるが、それらは第二次的な変容にすぎず、第一次的な感情的志向の向う本質としてはアプリオリな絶対的なものなのである。

そして、諸価値の間にも本質的な秩序があって、価値の位階を考えることができる。感覚的快の価値・生命価値(たとえば高貴と卑賤)・精神的価値(美醜正不正など)・宗教的価値(「聖」)という位階をシェーラーは示している。ところでシェーラーによれば、本来の倫理的価値は上の客観的な価値の表にはふくまれぬ人格価値なのである。「人格」とは上の諸価値を感受し実現する作用の主体のことであり、「物件」に対立する。そして倫理的に価値ある人格的作用の核心的なものは「愛」の作用であり、これはプラトンのエロスのようにより高い客観的価値を志向する作用であるのみならず、対象の中に価値を創造する作用でもある（キリスト教的愛が考えられている）。――結局シェーラーの倫理学は、客観的価値と人格的作用価値との二つの原理から成り、客観主義と人格主義との共存を示している。そしてこの人格主義の原理はシェーラーを導いてアウグスチヌスの神学に近づかせたのであった。

シェーラーは後に知識を三段階に分け、第一に技術的に対象を支配するための科学的「支配知」、第二に物の本質を直観する「教養知」、第三に形而上学的「救済知」を考えたが、上のシェーラーの倫理学は、客観的価値の説において第二の教養知に拠り、人格的愛の説において第三の救済知を志向している、といってよい。フッサールと対比すれば、シェーラーはフッサールの「形相的還元」の方法のみをうけいれ、超越論的観念論に導く狭義の「現象学的還元」には反対し、これの代りに人格主義の神学的形而上学をおくのである。

しかしながら晩年のシェーラーは生命と精神との関係について考えをすすめるうち、生命原理を重く見て精神の無力（精神の働きは生命に対する否定可能ということに帰着する）をみとめるようになり、はじめの人格神論をはなれて汎神論に近づいて行った。そして哲学の基礎学を「哲学的人間学」に求めようとしたのであった。

ハイデッガー

シェーラーとひとしく現象学を方法として受けいれ、伝統的な形而上学（存在論）の問題を独特な仕方で考えた者はハイデッガーである。存在論はアリストテレス以来「存在を存在として問う」第一哲学であるが、ハイデッガーはこの存在の規定において、「存在者」と「存在」とがはっきり区別されねばならぬと考える。これはさしあたり、中世のスコラ哲学における「範疇」categoriae 規定としての存在と、「超越的概念」transcendentia によって示される存在、との区別にあたるであろう。また、世界内の諸存在者と世界そのものとの区別にもあてうるであろう。存在者と存在とは次元を異にするので、「存在者」のみを見る眼にとっては「存在」はむしろ無である、ともいわれている。そしてハイデッガーの存在論が目指すのはそういう超越的な「存在」の意味をとらえることなのである。

ところでハイデッガーはそのための通路として、およそ「あり」ということについて理解をもちかつ自己の存在について気づかいをもつところの存在者、すなわち人間、をとり、人間の存在の意味を明らかにすることを通じて、存在一般の意味をとらえることに進もうとする。そこでまず人間存在の分析が現象学的におこなわれる。

人間は世界の中にあり世界内の諸存在との交渉においてある。それは第一に世界の中に投げ出された受動的気分的なあり方を示すとともに、第二に自己の可能的なあり方を自由に企てる能動性をもしめすが、しかし第三に通常は世間人として自己をまじめに問題とせずに時を消している。こういう人間のあり方を全体として「配慮」（心づかい）と名付ける。——しかし人間にはこのようなあり方を全体的にかつまじめに問題とする機縁が与えられている。すなわち「死」の意識において自らの極限的な可能性、従って存在可能の全体に直面し、「良心」の声によって本来的な孤独な自己につれもどされる。こういうふうに自己の全可能性を真実に問うにいたった人間のあり方そのものを「実存」と呼ぶならば、実存において人間存在の意味が人間にとって開かれる、といえる。その人間存在の意味とは、時間性ということであって、しかも日常的な過去・未来・現在の意識が自己を失った世間的「配慮」の諸相であるのにひきかえ、「実存」においては自己の本来的なあり方としての時間が示されるのである。すなわち「過去」は「もはやない」という形においてでなく「既存」の自己をひきうけるという形において示され、「未来」は「いまだない」ことでなくまさに自己に到来すること「将来」として、「現在」は

ハイデッガー

世間に埋没する形においてでなく自己の「現前」としてとらえられる。——ハイデッガーはフッサールが志向性の源を時間に求めた考えを継いで、これを実存の意味と見たのである。

人間存在の意味が時間性として明らかになった上は、これをもって存在一般の意味の解釈に進むことがハイデッガーの当初の目論見であったが、ここでかれはいわば足ぶみをした。そしてこの躊躇におけるかれの反省において、二つの問題がとりあげられた。一は過去の形而上学における存在の理解が上の時間性のそれぞれ一面的な見方ではないかという探索であって、ハイデッガーは、プラトンやアリストテレスの存在論が永遠のイデアや形相を存在と見たとき、その「永遠性」は実は「過去性」であった、というふうな解釈を与えている。他は、上の実存の時間性の洞察により、ディルタイの目指した精神科学ことに歴史学の人間学的基礎の解明が、ディルタイ自身よりも明確に十全に与えられる、との主張であった。

しかしハイデッガー本来の志向である存在一般の意味の把握はどうなるのか。困難は、「時間性」を地平圏として「存在」の意味にいたるといっても、その「存在」が全体的な存在であるべきなのだから、逆に時間的地平そのものが「存在」によって与えられねばならない、という点にあったと思われる。ハイデッガーは一種の転向を示し、「実存」から「存在」への能動的な追求を、逆に「存在」から「実存」をうけとるという受動的な随順にかえる。いまや「存在」そのものの与える光において実存が成り立ち、また人間が「自己の存在」を、従って「存在そのもの」を、忘れるという事態も、存在そのものがみずからをかくすこと、と解せられる。時間性も存在そのものの時間であり、歴史であり運命（贈りもの）である、という。かくてハイデッガーは当初の現象学的方法による探究の態度をはなれ、詩人のごとく存在の声をきいてそれに従うという態度にいたる。その詩人とは主にヘルダーリンであった。そしてこういう一種の運命論的見地から、ハイデッガーは西洋近代の科学的な世界像のもとにある意志的主体的な人間のあり方を、存在忘却のきわまれるものとして弾劾するのである。

ヤスパース

ハイデッガーと並んで、ドイツ現在の実存主義的哲学者の代表とみとめられる人はカール・ヤスパースである。そしてハイデッガーがみずからの哲学を実存哲学の名をもって呼ぶことを拒んでいるのに対し、ヤスパースは自身の哲学をはっきり「実存哲学」と呼ぶ。キルケゴールの実存の問題を、キルケゴールから見て思弁的な立場からであるにもせよ、全面的にうけ容れて問題にしているのはヤスパースなのである。

ヤスパースははじめ精神病学者として出発し、精神病者の経験を理解心理学の見地から探究した。しかし医学者の状況そのものの反省は医学者を哲学者にすることになる。医学

ヤスパース

者が患者に対して科学的客観的に対するのみでなく、患者と人格的な関係に入りはじめるやいなや、医学者自身の実存が問題となる。患者と同じくかれ自身の生き方における不安とつまずきとが自覚される。精神病学は実存哲学にうつってゆく。

ヤスパースはしかしさしあたり「世界観の心理学」を考え、ヘーゲルの現象学を念頭におきながら世界観のいろいろな段階や型を調べた。特にキルケゴールの実存の考えの解明に力が注がれている。

その後ヤスパース自身の見方が徐々に形成されていった。哲学的思考とは、世界認識の限界と分裂とをはっきり見ることを通じて自己の存在についての照明を経験することにより、最後に超越者（神）の象徴を世界において読みとるにいたることである（これは暗号の解読にたとえられている）。そしてこういう仕方でヤスパースの達した体系的な枠はおよそ次のごとくであった。

基礎概念は「包括者」（つつむもの das Umgreifende）であり、これはハイデッガーが「存在者」と区別して「存在」といったものに相当する。この「包括者」すなわち、世界と自己との存在の仕方であるところのものを、ヤスパースは、「われわれをつつむ自体存在」としては、「世界」と「超越者」（神）とにおいて見出す。これに対して「われわれ自身がそれであるところの存在」としての「包括者」は、われわれの四つのあり方そのものである。すなわち第一に、生物としての「現存在」、第二に対象への志向をもつものとしての「意識一般」、第三に理念を志向し理念的に文化的世界を形成する者としてのあり方である「精神」（Geist）、第四に世界を超えて超越者に向うあり方としての「実存」である。——そして客観の方向にわれわれをつつむ包括者としての「世界」は、われわれの第一、第二、第三のあり方に対応して、それぞれ「環境世界」、「世界」、「理念（界）」という段階に分たれる。

およそこのような枠を用いてヤスパースは、もっぱら「現存在」にのみ関心してテクノロジーを中心とする近代人の生を批判し、科学とテクノロジーそのものが示す矛盾と危険（たとえば原子力の問題）を明らかにして、それに対処すべき方途が、理念的文化的生を超える宗教的実存にもとめられるよりほかないことを主張するのである。しかもその実存は、既存の宗教のいずれにも入りきらぬ「哲学的信仰」に支えられるのである。

Ⅳ　現代の哲学（その二）

第二次大戦後現在にいたる時期において哲学はどういう動きを示したか。全体として不毛であって、前の二十年間の多産と対照をなすといってよいであろう（ボヘンスキー『現代ヨーロッパの哲学』日本訳への序、一九五五年）。もっともこれはすでにわれわれ自身のあり方にかかわることであって、不毛とか多産とかいうことが何であるかをさえ問わねばならないかも知れない。しかしやはりいままで見て来た通りの遠目をもって見ることにしよう。二つの事実が目立っている。第一はイギリス・アメリカの分析的哲学が晩年のヴィトゲンシュタインの考えをうけて言語分析を生に密着させておこない、ある意味で生や実存の哲学への接近とまた直接な反撥とを示していることである。第二は現象学・実存哲学がドイツからフランスに移入され、フランスの伝統的哲学のスタイルを破壊するとともに目覚ましい形を荒けずりにきり出していることであって、これはサルトル（Jean-Paul Sartre, 1905–1980）の哲学についてみられるであろう。

言語分析派

　ヴィトゲンシュタインは一九三〇年頃から、以前のかれの論理的な言語の見方をすてた。論理を文章形式としそこに個別者を指示する語を加えて考えられる言語は、現実の言語とは無限に隔たった抽象であるとみとめられた。論理的文章法がふくみうる文章は指示文のみであって、価値評価や感情の表現や命令や祈願の文章はそこではまったく問題にならない。また一々の語が一義的に何ものかを指示するということも現実の言語ではいえない。現実の状況に即して語の意味はきまるのであって、前後の脈絡・状況をはなれて語の意味を定めることは無意味であるとみとめられた。そこでヴィトゲンシュタインは、一々の状況において語の使用法を見かつ記述する努力がなければならぬと考える。かれはそのとき語の用法を遊戯の規則になぞらえてとらえようとした。「生命形式」としての言語の理解こそ大切なのである。

　それが哲学的問題を解くための方法である。哲学上の問題、困惑は、論理の誤りとか論理的文章法の無視とかから生ずるよりもむしろ、上のような日常の現実的言語において語が本来の使用法からはずれて空転することから生ずる。さまざまな幻想がそこから生れる。それは病気のようなものであって、言語分析はその治療法である。だから哲学によって内容的な知識が加えられるわけでない。「哲学はすべてをそのままにしておく」。世界についての覚めた、曇りない見通しを恢復するだけのことである（これが禅宗の考えに似ていることは方々で注意されたとおりである）。

この方面での仕事はオックスフォードで戦後熱心につづけられ、ライル（G. Ryle, 1900–1976）のデカルト的二元論に対する分析と批評や、オースティン（J. L. Austin, 1911–1960）が誓いや約束の文章（それは指示文のように見えて実はその文章自身が一つの行為であるような場合である）についておこなった分析などが注目される。これらは概して哲学的問題を解消して常識に復帰することを目指し、世界観・人生観においてシニックであるが、大きな語を用いる実存哲学よりも或る点ではずっと実存的である。少なくとも晩年のヴィトゲンシュタインについてはそういえる。ラッセルはこの派のやり方に強硬に反対して哲学をやはり科学と密接に結ぼうとするが、晩年のヴィトゲンシュタインを、パスカルや晩年のトルストイに似た者と見ている。

サルトル

フランスにおいて、ドイツの現象学・実存哲学の影響下に現われた若干の思想の中からもっとも目立ったものとしてサルトルの哲学をとりあげてよいであろう。

サルトルはフッサールの現象学から、意識の志向性の考えを、物の世界に対する自己の自由を明示しているものとして受けとった（サルトルには、物の世界が自己にとって無縁な無意味なものであり、逆に自己は世界から全く自由なものである、という経験がすでにあったのである)。しかしサルトルはフッサールのように意識の志向作用をそのまま自我の統一の下におくという考えに反対し、自我や他我もまた意識の志向的構成によって成立すると考え、意識そのものを無人称的に考えて、観念論の主観性を脱却しようとする。

そしてハイデッガーと同様、意識そのものの存在を問うという存在論的立場にサルトルは立つことになるが、ハイデッガーのように「存在者」と「存在」との区別を強調しない。むしろサルトルはデカルトからヘーゲルにいたる近代哲学の、主観客観の二元をどう統一するかという問題を、存在論の問題として受けいれる。そこで問題は、ヘーゲルの言葉を用いて、物の存在すなわち「即自存在」と、意識（自由）すなわち「対自存在」、との統一がどのようになされるかの吟味となる。しかも両存在は否定的関係にあり、「即自存在」を単に「存在」といえば「対自存在」のほうはむしろ「非存在」であり「無」である。存在論の問題は「存在と無」の問題なのである。

サルトル

かくて存在と無との交互作用によって生まれる諸存在を吟味して、両者の統一を求めることが、現象学的存在論の任務である。そこでサルトルはフッサールやハイデッガーにならい、まず志向性（つまり存在への無のはたらき）の基本形として時間性をおき、我と物、我と他我との交渉の諸相を次々に吟味してゆく。

しかし存在と無、即自存在と対自存在、を絶対的全体に統一することは不可能であることが示される。人間が物に対して自由であるかぎり、物と一つになることはできない。逆に物のほうからいえば人間は余計なものなのである。また人間は他我との関係においても究極的な統一には到りえない。自我と他我との関係はむしろ敵対的である。両者は互に相手を凝視によって対象化し物化し、かつ相手によってみずからが物化されることを意識している。同様な矛盾によって性愛における合一もまた分裂であることをサルトルは分析している。しかしもともと人間は物の世界・他者の世界との全体的統一を求めており、いわば神になろうとする者である。そこで結論として達せられるのは、人間の生がひとつの無益な受難であるということである。復活のない十字架であるということである。

サルトルはこのような二元論的存在論から出発してさらに倫理学に進もうとした。そしてその途上において上のようなペシミズムの人間観をいくらか肯定的な形にしていった。かれの哲学に対して「実存主義」という名が与えられたが、これをかれは受けいれ、そして「実存主義はヒューマニズムである」というにいたる。実存主義は全人類的連帯の倫理に導くという主張がなされる。

そして共産主義への方向において、人間の社会的政治的実践を積極的に意味づけようとの努力がなされる。実践の場と解せられた歴史において、さきの二元性の全体的統一が、客観的歴史的には相対的に、しかし主体実践的には絶対性をもって、成立すると考える。そこで自然に関しては承認できない弁証法的論理を、歴史においてはみとめようとする。

かくて実存主義は歴史的唯物論の中に止揚されることになるが、同時に唯物論は実存主義を否定契機として保存しなければならないと考える。もしこれをふくまないならば唯物論は静的なドグマに化するであろう。――およそこのような見方をサルトルはとっているように見えるのである。

解説　哲学史を大きくダイナミックに描き出す

本書は副題にある通り、一五世紀のルネサンスの時代から二〇世紀の現代まで、西洋哲学約五〇〇年の歩みを通覧する哲学史である。叙述はほぼ時代の順番に従い、合計八〇人前後の哲学者を取り上げて、その理論の概要を説明するとともに、それぞれの時代における西洋哲学の問題意識のありかと方向性を探っている。

本書が最初に刊行されたのは一九六五年で、現在から数えるとほぼ五〇年前ということになる。このあいだに、わが国でもさまざまな哲学史の教科書や解説書が出版されていて、今日では初歩的なものからきわめて詳細なものまで、哲学史を扱った書物はかなりの数にのぼっている。しかし、本書は最近のさまざまな哲学史のテキストと比較しても、けっして古びたところがなく、正確な情報がきわめてすっきりとした叙述の下に提供されている。本書のスタイルは、さまざまな哲学者のプロフィールを丁寧に描きつつ、その理論の核心部を明らかにするというもので、その内容は初心者から専門家まで、どのレベルの読者にとっても十分に役立つだろうと思われる。

本書の第一の特徴は、西洋の近世から現代までの五〇〇年というかなり長期にわたる時代について、その哲学的思想の変転にかんする見取り図を、思い切って一枚の大きな絵にまとめて与えているところにある。西洋哲学にかんするこのように俯瞰的な眺望の提示ということは、著者の野田又夫（一九一〇－二〇〇四）が西洋の近世、近代、現代というそれぞれの時代について、きわめて卓越した知識と深い洞察を身につけていることで、はじめて可能になったことである。

野田は大阪の生まれで、本書の刊行時には五五歳であった。彼は京都帝国大学文学部哲学科で田辺元、九鬼周造、天野貞祐らの下で学び、旧制大阪高等学校教授を経て、第二次世界大戦後の京都大学文学部で、田中美知太郎、西谷啓治、高田三郎らとともに西洋哲学史および哲学専攻で教鞭をとった。本書出版より以前に、デカルトに関する数冊の研究書の他に、岩波新書で『パスカル』『デカルト』『ルネサンスの思想家たち』などを著しており、本書以降にも、中央公論社「世界の名著」シリーズ（現在の「中公クラシックス」）で、デカルトの巻とカントの巻を担当した。さらに、ラッセルの知的自伝やサルトルのデカルト論など、多くの翻訳も出している。また、彼は第二次大戦後の最初の国際哲学会に、日本哲学会から派遣された代表であり、『モニスト』というアメリカを代表する国際的な哲学雑誌の終身編集員の一人でもあった。

これらの経歴からも明らかなように、野田は戦後の日本を代表する哲学者・哲学史家であった。そしてそのことが、本書の全体に見られる非常にバランスのとれた哲学への理解と、個々の哲学者の問題意識への親身な関心という、普通にはなかなか両立できない長所を、この本に与えているように思われる。著者はルネサンスのニコラウス・クザーヌスや、一七世紀のベーコンのような、われわれからはかなり遠い時代の、ある意味では疎遠な思想家たちにたいしても、サルトルやヴィトゲンシュタインのような非常に身近な思想家にたいしても、ほとんど変わることのない態度でアプローチすることによって、等しくその理論の勘所を平明な言葉で語っている。また、デカルトやライプニッツのような哲学史上最大級の体系的哲学者も、サン・シモンやフォイエルバッハのようなかなり限定された主題の哲学者も、同じように丁寧に扱っている。一言でいえば、時代や思想傾向に大きな偏りがなく、しかも各理論のもつ面白さを曖昧なところのない言葉で伝えているというのが、この本を手に取った誰もが感じるであろう、第一の大きな魅力である。

＊

とはいえ、本書の特徴はそれだけに尽きるわけではない。著者は「まえがき」で次のように書いている。「哲学の仕事を謙遜に交通整理の仕事にたとえた人がある。哲学史にもそのことはあてはまる。ここ百年ばかりの混雑を知る人はそういう交通整理の仕事の大切さをみとめるであろう。混乱と事故につけこむいかさま思想もたえず現われているからである。／けれども私自身は哲学史の研究を整理の仕事だといってしまえるほど淡白な気持に成りきっているわけではない。むしろ、めぼしい旅人をその宿まで訪ねて対談し、同感と反撥を覚えながらいろいろと教わる、というのが実状である。こんども十九世紀の人々から改めて多くのことを教えられたと思う」。

哲学史の仕事は交通整理のようなものだが、それだけに終わるわけではない——。この「まえがき」の文章は、よく読むとなかなか含蓄の深いものだと思われる。たとえば、著者のいう「ここ百年ばかりの混雑」とは何を指しているのか、また、「混乱と事故につけこむいかさま思想」にはどんなものがあったのか、と問うてみるのも興味深いことであろう。しかし、著者の現代哲学への批判的言及はとりあえず脇においておいて、ここでは二つだけ、本書がその平明な叙述のゆえに一見そう思われるような、単なる一般的な哲学の通史とははっきりと一線を画すものであることを示す、著者独特の着眼点について触れておきたい。それは、(一) 哲学史が「交通整理」といわれる場合の、その思想上の整理の規則や道具とはいかなるものなのか、ということと、(二) 著者がここで特に、「十九世紀の人々から改めて多くのことを教えられた」といっているのは、何を意味しているのか、という問いにかんする着眼点である。

まず、西洋の近世以降の哲学史にたいする交通整理、という作業において活用されている規則や道具ということから見てみよう。

この点についてはI章の「概観——ルネサンスから現代まで」が役に立つ。著者はそこで本書の扱う哲学の発展を大まかにみわたすと「大体六つの時期に分れる」として、その六つの時代を列挙しているが、その説明を少々簡略化して示してみると、これらの時期は次のようにまとめられる。

（1）一五・六世紀、ルネサンスの時代……さまざまな可能性が現れているが、主として汎神論的傾向。

（2）一七世紀、古典的理性主義にもとづく形而上学の時代……真の意味での近世的な自然の見方と、「秩序」と「自由」の思想。

（3）一八世紀、啓蒙主義の時代……市民の哲学というべき経験論・自由主義。

（4）一八世紀末から一九世紀前半、カントからドイツ観念論へ……啓蒙主義からロマン主義的形而上学への移行。

（5）一九世紀、科学の分化の時代……哲学の論理への反省と世界観の多元性の意識。

（6）二〇世紀、現代の哲学……啓蒙主義とロマン主義の対立の再現と、世界観を新たに選び取ろうとする意欲。

この一覧から見て取れるように、本書の叙述はもちろん時代区分という大きな区切りに従い、さらには国ごとの特徴も加味して、哲学史の流れを提示しているのであるが、交通整理の道具はそれだけではない。本書は全体が二部に分かれていて、表面上は一応（1）から（5）までが「近世の哲学」、（6）が「現代の哲学」とされている。しかし実際には、

（1）から（4）までが本来の近世哲学史の太い流れで、（5）は一九世紀の哲学史であると同時に、それとは少し独立に、それまでの流れへの「反省」とそこに見られる多元性の「意識」という、いわばメタ的な役割を担っている。そして、第二部の「現代の哲学」のほうは、この概説のなかで、前世紀の意識を踏まえたうえでの、「啓蒙主義とロマン主義の対立の再現」ないし「ルネサンス時代と十七世紀との共存」と見てもよい、とも述べられている。

つまり、この西洋哲学史五〇〇〇年の全体のストーリーは、ルネサンスから一九世紀前半までの四〇〇年の間に、いくつかの基本的な世界観、ないし主義の対立のドラマがあって、そのことについての一種の反省が一九世紀の一〇〇年間でなされた。そして、二〇世紀の現代ではその反省の下でもう一度、それぞれの世界観を再現したり、あるいは新しい世界観を選ぼうという意欲が見られる、というのである。

ここで著者がいう複数の世界観とは、非常に粗っぽくいえば、右の見取り図にもあらわれている「啓蒙主義とロマン主義の対立」といってもよいが、もう少し正確にいうと、それは実は三つの立場でできている。すなわち、（A）自然についての科学的認識に重きをおいて、人間存在をその小さな一部と考える「自然主義」（唯物論・実証論）、（B）世界にたいする感情的評価を基礎にして、世界を生命と精神からなる一つの全体と考える「客観的観念論」（汎神論）、（C）世界にたいする人間的主体の自由と尊厳を強く意識する「自由の観念論」、の三種類である。この分類法では、啓蒙主義とは（A）のことであり、ロマン主義とは（B）のことであって、哲学史の流れは正確には二種類の思想の対立というよりも、むしろこの三つの世界観のダイナミックな交代からできている。

この分類法を使うと、右の六つの時代区分のうち実質的な近世哲学史の部分である（1）から（4）についていえば、（1）は（A）（B）（C）がまじりあっている時代、（3）が（A）の時代であるのにたいして、（2）と（4）の時代は、それぞれが（C）から（B）へと徐々に移行した二つの時代、ということになる。（2）と（4）の時代とは、デカルトからライプニッツへと、カントからヘーゲルへという、西洋近世哲学史のもっとも大きな二つの山を形成している。したがって、西洋の近世哲学史の流れとは、全体として「自然主義」を背景におきながら、「自由の観念論」から「客観的観念論」への移行という運動を何度か繰り返す流れであった、というのが著者が整理した歴史の見取り図の骨格なのである（ここで出てきた世界観の三つの図式については、本書第二部「現代の哲学」のⅡ「分析の哲学と生の哲学」に登場するディルタイの項目のなか――二三〇―二三一頁――で、詳しく説明されているので、ぜひ参照していただきたい）。

＊

さて、以上が著者の念頭にある交通整理としての哲学史であるとすれば、われわれの立てたもう一つの問いである、「十九世紀の人々から改めて多くのことを教えられた」といっているのは、何を意味しているのか、という問題への答えはおのずから明らかであろう。右に指摘したように、著者の思想史の整理法の道具立ては、基本的にはディルタイの世界観論を下敷きにしているのであるが、このような思想史的な「反省」の意識自体は、ディルタイ本人から生まれたというよりも、むしろ一九世紀の哲学者たちがそれぞれの立場から、理論的模索のなかで徐々に形成していったものであって、この時代の哲学者たちこそが、二〇世紀の思想家に劣らず、「世界観の選択」ということの重要性、必要性を訴えていた人々であったのである（さきに、哲学史の仕事は交通整理のようなものだが、それだけに終わるわけではない、という著者の姿勢を見たが、「それだけで終わるわけではない」というのはつまり、哲学史を述べる者も学ぶ者も、整理された世界観を前にして自らの選択を迫られている、ということである）。

本書の（5）の部分はその意味で、きわめて重要なところであるが、実際に今日までにあらわれた数多くの哲学史の概説書の中にも、一九世紀哲学史の説明として、コントからブートルーに至るフランス一九世紀思想の流れや、ロッツェ、フェヒネル、コーヘン、リッカート、グリーン、ブラッドリなどを扱った、この部分ほど詳しく明快に書かれたものは一つもない。

はじめの紹介で記したように、著者はデカルトやカントなどにかんするわが国を代表する研究者である。しかし彼はこれらの哲学者の翻訳や分析を発表する以前に、大戦時をはさんで、ラヴェッソンの『習慣論』やブートルーの『自然法則の偶然性』を翻訳出版している。これらの仕事は著者の師である九鬼周造の指導の下でなされたものであるが、九鬼は当時の日本において一九世紀ヨーロッパの思想にもっとも精通した哲学者であり、彼の没後に刊行された『西洋近世哲学史稿』上・下二巻は、今日でもしばしば参照されている哲学史の大著である。本書の（5）の部分はまさに、恩師のこのような成果を継承しつつ、多くの思想家から「改めて多くのことを教えられ」て、新たに書かれた章であると考えることができるだろう。

私たちは時々、哲学史の勉強と現代哲学の研究とを別々の、独立した営みであるかのように錯覚することがある。しかしながら、二〇世紀の哲学を代表するラッセル以降の分析哲学や、フッサール、ハイデッガーらの現象学や実在主義が、もともとブラッドリらの観念論やリッカートらの新カント派の哲学との激しい理論的緊張の下で誕生したものであることは、今では広く知られた事実である。それゆえ、現代思想の理論的営為を深く知るためにも、本書はその理解に欠かせない背景的知識をたっぷりと提供してくれる、非常に貴重な情報源なのである。

なお、最後に、著者が本書の一〇年近く後に著したもう一つの哲学史の作品についても、一言触れておきたい。本書はルネサンスから現代へと至る西洋の近世以降の哲学史であるが、この歴史はそもそも、より広い世界の哲学の歴史全体から眺めると、どのような特徴と役割を担っているといえるのだろうか。『哲学の三つの伝統』(岩波文庫)は、古代中世の時代と対比される西洋の近世以降の哲学を、洋の東西(インド、中国、ギリシア)全体を見渡すことから浮き彫りにしようとした、もう一つのユニークな哲学史である。そこには、東洋西洋の哲学史だけでなく、著者が親しく接して学んできた西田幾多郎、田辺元、九鬼周造など、京都の哲学者たちについての概観も含まれている。本書によって哲学史というものの奥行きや幅広さに興味を覚えた読者には、こちらの本の併読もお勧めしたいと思う。

二〇一七年三月

伊藤邦武

略年表

1　この年表は十五世紀はじめから現代にいたる西洋哲学の主要な流れを、文化・社会との関連において概観するためのものである。

2　この年表に収めた哲学者は、本文で触れているものの中からのみ選んだ。ただし書名は本文で触れた哲学者の主要著作に限ったが、本文で触れてある書名のみには限っていない。

西暦	哲学者	哲学書	文化・社会
一四〇一	ニコラウス・クザーヌス生まる（～六四）		一四一五　フス焚刑 一四一九　ボヘミヤにフス派の乱起こる
四〇		クザーヌス・学識ある無知について	
四一		クザーヌス・臆測について	一四四五　グーテンベルク印刷機発明
五三		クザーヌス・信仰の平和について	東ローマ帝国滅亡、古典学者イタリアへ移動
六二		クザーヌス・非他	
六三	ピコ・デラ・ミランドラ生まる（～九四）		

西暦	哲学者	哲学書	文化・社会
一四六六	エラスムス生まる（〜一五三六）		
七三	コペルニクス生まる（〜一五四三）		
八三	ルター生まる（〜一五四六）		
八六		ピコ・デラ・ミランドラ・人間の尊厳について	一四九二 コロンブス、アメリカ大陸発見
九三	パラケルズス生まる（〜一五四一）		
一五〇一	カルダノ生まる（〜七六）		
〇三		エラスムス・キリスト教戦士必携	ダ・ヴィンチ・ジョコンダ（〜一九）
〇八	テレシオ生まる（〜八八）		
〇九		エラスムス・愚神礼讃	
			一五一三 マキアヴェリ・君主論
			一五一六 トマス・モア・ユートピア
			一五一七 ルターの宗教改革

二四		エラスムス・自由意志論
二五		ルター・奴隷意志論
三三	モンテーニュ生まる（〜九二）	
四三		コペルニクス・天球の回転について
四八	ブルーノ生まる（〜一六〇〇）	
五七		カルダーノ・さまざまな事物について
六一	フランシス・ベーコン生まる（〜一六二六）	
六四	ガリレイ生まる（〜一六四二）	
六五		テレシオ・物の本性について

一五一九　マジェラン世界一周（〜二二）

一五四〇　ジェスイット教団（ヤソ会）の成立

一五五五　アウグスブルグの宗教和議

一五五八　エリザベス一世即位（〜一六〇三）

西暦	哲学者	哲学書	文化・社会
一五六八	カンパネルラ生まる（〜一六三九）		ネーデルランド独立戦争（〜一六四八）
七一	ケプラー生まる（〜一六三〇）		
			一五七三　室町幕府滅亡
七五	ヤコブ・ベーメ生まる（〜一六二四）		
			一五七七　ボーダン・国家論
八〇		モンテーニュ・エセー	
八四		ブルーノ・原因と原理と一者とについて・無限な宇宙と諸世界とについて	
八八	ホッブス生まる（〜一六七九）		イスパニア無敵艦隊英に敗る
八九		パラケルズス・全集	
九二	ガッサンディ生まる（〜一六五五）		
九六	デカルト生まる（〜一六五〇）	ケプラー・宇宙論の神秘	
九七		ベーコン・随筆集	
			一五九八　ナントの勅令公布・新教の自由認める

			一六〇〇　ブルーノ焚殺・東インド会社設立
一六〇二		カンパネルラ・太陽の国	
〇五		ベーコン・学問の進歩	セルバンテス・ドン・キホーテ
〇九		ケプラー・新天文学	ガリレイ・天体望遠鏡発明〇ケプラー・遊星運動の法則発見
一二		ベーメ・黎明	
一六		カンパネルラ・ガリレイの弁護	
			一六一八　三十年戦争（〜四八）
一九		ケプラー・世界の調和	
二〇		ベーコン・新オルガノン〇ベーメ・神智学の六点	清教徒、メイ・フラワー号で出帆
二三	パスカル生まる（〜六二）		
二四	ゲーリンクス生まる（〜六九）		
			一六二八　ハーヴィ血液循環の発見

西暦	哲学者	哲学書	文化・社会
一六三二	ロック生まる（～一七〇四） スピノザ生まる（～七七）	ガリレイ・天文学対話	
三七		デカルト・方法序説	島原の乱
三八	マルブランシュ生まる（～一七一五）	ガリレイ・新科学対話	
四一		デカルト・省察	
四二		ホッブス・哲学綱要（～四二・五五・五八）	
			一六四三　ルイ十四世即位（～一七一五）
四四		デカルト・哲学原理	
四六	ライプニッツ生まる（～一七一六）		
四九		デカルト・情念論○ガッサンディ・エピクロス哲学体系	イギリス清教徒革命
五一		ホッブス・レヴァイアサン	クロムウェル、航海条例を発布
五七	フォントネル生まる（～一七五七）		
			一六六〇　イギリス王政復古・ボイルの法則

六五		ゲーリンクス・倫理学	モリエール・にわか貴族
七〇	（頃）マンデヴィル生まる（〜一七三三） トランド生まる（〜一七二二）	パスカル・パンセ○スピノザ・神学政治論	
七一	シャフツベリ生まる（〜一七一三）		
七四		マルブランシュ・真理の探究	
七五		スピノザ・エチカ	
七六	コリンズ生まる（〜一七二九）		
七七		スピノザ・悟性改善論	
			一六七八　ホイヘンス・光の波動説
七九	ウォルフ生まる（〜一七五四）		
八四		ライプニッツ・極大及び極小に対する新方法	
八五	バークリ生まる（〜一七五三）		
八六		ライプニッツ・形而上学序説○フォントネル・宇宙の多様性に関する対話	

西暦	哲学者	哲学書	文化・社会
一六八七		ニュートン・自然哲学の数学的原理	ニュートン万有引力の法則
			一六八八　イギリス名誉革命 権利宣言
八九	モンテスキュー生まる（〜一七五五）		
九〇		ロック・統治二論・人間悟性論	
九四	ヴォルテール生まる（〜一七七八）		
九六	ハチスン生まる（〜一七四六）	ベール・歴史的批評的辞典（〜九七） ○トランド・キリスト教は神秘に非ず	
九八	モーペルテュイ生まる（〜一七五九）		ピョートル大帝、改革を開始（〜一七二五）
			一七〇一　スペイン継承戦争（〜一七一四）
			一七〇四　ニュートン・光学
一七〇五	ハートリ生まる（〜五七）	マンデヴィル・蜜蜂物語	
一〇	トマス・リード生まる（〜九六）	バークリ・人間知識の原理	

一一	ヒューム生まる（〜七六）	シャフツベリ・人間・生活様式・意見・時代の特徴	
一二	ルソー生まる（〜七八）		
一三	ディドロ生まる（〜八四）	コリンズ・自由意志論	サン・ピエール・ヨーロッパの永久平和
一四		ライプニッツ・単子論	
一五	コンディヤック生まる（〜八〇） エルヴェシウス生まる（〜七一）		ヘンデル・水上の音楽
一七	ダランベール生まる（〜八三）		
一九			デフォー・ロビンソン・クルーソー
二一		モンテスキュー・ペルシア人の手紙	
二四	カント生まる（〜一八〇四）		一七二八　バッハ・マタイ伝による受難（〜二九）
二九	バーク生まる（〜九七）		
三〇		ウォルフ・第一哲学（存在論）	

西暦	哲学者	哲学書	文化・社会
一七三三	プリーストリ生まる（〜一八〇四）		
三四		ヴォルテール・哲学書簡	
三五			リンネ・自然の体系
三七			ケイ、飛杼を発明
三九		ヒューム・人性論	
四一		ヒューム・道徳・政治・文学論集	ヘンデル・メシア
四三	コンドルセ生まる（〜九四）		
四八	ベンサム生まる（〜一八三二）	ヒューム・人間悟性論○モンテスキュー・法の精神	ラ・メトリ・人間機械論
四九		ハートリ・人間論	ビュフォン・植物誌
五〇		モーペルテュイ・宇宙論○ウォルフ・道徳哲学	フランクリン、避雷針発明
五一		ディドロ・ダランベール編・百科全書（〜八〇）	
五三		ヴォルテール・習俗論	
五四	デステュット・ド・トラシ生まる（〜一八三六） ド・ボナール生まる（〜一八四〇）	ディドロ・自然の解釈に関する思索○コンディヤック・感覚論	

五五		ハチスン・道徳哲学の体系○ルソー・人間不平等起源論	
五七	カバニス生まる（～一八〇八）	バーク・崇高美と優美の観念の起原についての哲学的研究	
五八	ラインホルト生まる（～一八二三）	エルヴェシウス・精神論	ケネー・経済表
五九		ヴォルテール・カンディード○ダランベール・哲学原理	
六〇	サン・シモン生まる（～一八二五）		
六一	シュルツェ生まる（～一八三三）		
六二	フィヒテ生まる（～一八一四）	ディドロ・ラモーの甥○ルソー・社会契約論、エミール	一七六三 パリ条約（英・仏・西）
六四		リード・常識の原理に基づく人間精神の研究	ハーグリーヴス、多軸紡績機発明○イギリス産業革命開始○ヴィンケルマン・古代美術史

西暦	哲学者	哲学書	文化・社会
一七六六	メーヌ・ド・ビラン生まる (〜一八二四)		レッシング・ラオコーン
七二		エルヴェシウス・人間論	ハイドン・告別交響曲
七三	J・ミル生まる (〜一八三六)		
七五	シェリング生まる (〜一八五四)		
七六			一七七六 アメリカ独立宣言、スミス・国富論 ギボン・ローマ帝国滅亡史 (〜八八)
八一		カント・純粋理性批判	シラー・群盗
八二		プリーストリ・キリスト教腐敗の歴史	
八八	ショーペンハウエル生まる (〜一八六〇)	カント・実践理性批判○リード・人間の行為能力	モーツアルト・ジュピター交響曲
八九		ラインホルト・人間の表象能力についての新論○ベンサム・道徳及び立法の原理序論	フランス革命・人権宣言

九〇		カント・判断力批判○バーク・フランス革命省察	
九二		シュルツェ・エイネシデムス	フランス第一共和制
九四		フィヒテ・全知識学の基礎○コンドルセ・人間精神進歩の歴史	
九六		ド・ボナール・政治的宗教的権力について○シェリング・自然哲学考	ラプラス・宇宙体系論 一七九七　ヘルダーリン・ヒューペリオン
九八	コント生まる（〜一八五七）	カント・人間学	ジェンナー、牛痘接種法の発見○マルサス・人口論
一八〇〇		シェリング・先験的観念論の体系○フィヒテ・人間の使命	スタール・文学論
〇一	フェヒネル生まる（〜八七） ヴァイセ生まる（〜六六）	ド・トラシ・観念学綱要	
〇二		カバニス・人間の身体と精神	ナポレオン終身執政官となる
〇三		メーヌ・ド・ビラン・習慣論	ダルトン・分子説

西暦	哲学者	哲学書	文化・社会
一八〇四	フォイエルバッハ生まる（～七二）	シェリング・哲学と宗教	シラー・ヴィルヘルム・テル〇ナポレオン法発布
〇六	J・S・ミル生まる（～七三）	フィヒテ・浄福なる生への指教	フルトン汽船発明
〇七		ヘーゲル・精神現象学	ベートーベン・熱情ソナタ
〇八	シュトラウス生まる（～七四）	フィヒテ・ドイツ国民に告ぐ	ゲーテ・ファウスト第一部
〇九		シェリング・人間的自由の本質	
一二		ヘーゲル・論理学	グリム・子供と家庭の物語集
一三	キルケゴール生まる（～五五）		オーエン・新社会観〇オースティン・高慢と偏見
一四	ラヴェッソン生まる（～一九〇〇）	サン・シモン・ヨーロッパ社会の再組織について	ウィーン会議（～一五）
一五	ルヌーヴィエ生まる（～一九〇三）		神聖同盟成立

一七	ロッツェ生まる（〜八一）	ヘーゲル・エンチクロペディ	リカード・経済学及び課税の原理○バイロン・マンフレッド
一八	マルクス生まる（〜八三）		スコット・ミドロジアンの心
一九		ショーペンハウエル・意志と表象としての世界	シューベルト・鱒
二〇	スペンサー生まる（〜一九〇三）		スコット・アイヴァンホー
二一		ヘーゲル・法の哲学	ゲーテ・ウィルヘルム・マイスター遍歴時代
二二	モレスコット生まる（〜九三）		スタンダール・恋愛論
二三		サン・シモン・産業者の政治的教理問答	モンロー宣言
二四	ビュヒネル生まる（〜九九）		ベートーベン・第九交響曲
二九		J・ミル・人間精神現象の分析	ギゾー・フランス文明史
三〇		コント・実証哲学講義	フランス七月革命
三一	ラシュリエ生まる（〜一九一八）	ヘーゲル・歴史哲学講義	ゲーテ・ファウスト第二部

西暦	哲学者	哲学書	文化・社会
一八三三	ディルタイ生まる（〜一九一一）		カーライル・サータ・リザータス 一八三四　バルザック・ゴリオ爺さん（〜三五）
三五	ケアード生まる（〜一九〇八）	シュトラウス・イエス伝	
三六	グリーン生まる（〜八二）	フェヒネル・死後の生	エマスン・自然論
三八	マッハ生まる（〜一九一六） ブレンターノ生まる（〜一九一七）	ラヴェッソン・習慣論	チャーティスト運動（〜四八）
三九		フォイエルバッハ・ヘーゲル哲学の批判	ダーウィン・ビーグル号航海記
四一		フォイエルバッハ・キリスト教の本質	
四二	コーヘン生まる（〜一九一八）		南京条約・マイヤー・エネルギー恒存の法則
四三		J・S・ミル・論理学体系	リビングストン、アフリカ探険○カーライル・過去と現在
四四		キルケゴール・哲学的断片	ファラデー・電気実験○デュマ・モンテクリスト伯

四五	ブートルー生まる（〜一九二一）	マルクス・ドイツ・イデオロギー（〜四六）○キルケゴール・人生の段階	
四六	ブラッドリ生まる（〜一九二四）	ラヴェッソン・アリストテレスの形而上学	プルードン・貧困の哲学、イギリス、穀物法廃止
			一八四七　ブロンテ・嵐が丘
四八	ヴィンデルバント生まる（〜一九一五）	マルクス・エンゲルス・共産党宣言	フランス二月革命、ミル・経済学原理
四九		キルケゴール・死に至る病	
五一		コント・実証的政治学体系	
五二		モレスコット・生命の循環	
五三	マイノング生まる（〜一九二〇）		クリミア戦争（〜五六）
五四		ルヌーヴィエ・批判哲学論（〜六四）	
五五		ヴァイセ・哲学的教義学○ビュヒネル・力と物質	
五九	デューイ生まる（〜一九五二） ベルグソン生まる（〜一九四一）	J・S・ミル・自由論	ダーウィン・種の起源○ディッケンズ・二都物語

西暦	哲学者	哲学書	文化・社会
一八六〇	フッサール生まる（〜一九三八）	フェヒネル・精神物理学要義○スペンサー・綜合哲学体系	北京条約、ブルクハルト・イタリア・ルネサンスの文化
六一	ホワイトヘッド生まる（〜一九四七）	スペンサー・教育論	イタリア王国成立、アメリカ南北戦争（〜六五）
六二		スペンサー・第一原理	ユーゴー・レ・ミゼラブル
六三	リッカート生まる（〜一九三六）	J・S・ミル・功利論	リンカーン・奴隷解放宣言 トルストイ・戦争と平和（〜六九）
六四	マックス・ウェーバー生まる（〜一九二〇）		第一インターナショナル結成 一八六六　ドストエフスキー・罪と罰
六七		マルクス・資本論	一八六八　明治維新
七一		ラシュリエ・帰納法の基礎○コーヘン・カントの経験の理論	パリ・コンミューン蜂起、エジソン電信機を発明

七二	ラッセル生まる（〜一九七〇）	ニィチェ・悲劇の誕生	
七三	ムア生まる（〜一九五八）	ニィチェ・反時代的考察（〜七六）	トルストイ・アンナ・カレーニナ（〜七七）
七四	シェーラー生まる（〜一九二八）	ブートルー・自然法則の偶然性〇ロッツェ・論理学〇ブレンターノ・経験的立場よりする心理学	
七八		ヴィンデルバント・近世哲学史〇スペンサー・倫理学原理（〜九三）	
七九		ロッツェ・形而上学	エジソン、電球発明〇イプセン・人形の家
八二	シュリック生まる（〜一九三六）		三国同盟（独・墺・伊）
八三	ヤスパース生まる（〜一九六九）	ディルタイ・精神科学序説〇ニィチェ・ツァラトゥストラ（〜八五）〇グリーン・倫理学序説〇ブラッドリ・論理学原理	モーパッサン・女の一生
			一八八四　フェビアン協会成立
八五		マッハ・感覚の分析〇ニィチェ・善悪の彼岸〇ルヌーヴィエ・哲学説の体系的分類〇ラシュリエ・心理学と形而上学	オストワルド・一般化学教科書

西暦	哲学者	哲学書	文化・社会
一八八九	ハイデッガー生まる（〜一九七六）、ヴィトゲンシュタイン生まる（〜一九五一）	ブレンターノ・道徳的認識の起源○ベルグソン・時間と自由○ケアード・カントの批判哲学	第二インターナショナル結成
九一	ライヘンバハ生まる（〜一九五三）、カールナプ生まる（〜一九七〇）	フッサール・算術の哲学	ハーディー・テス
九二		リッカート・認識の対象	ハウプトマン・織工
九三		ブラッドリ・現象と実在	デュルケーム・社会分業論
九五		グリーン・政治的義務の理論	デュルケーム・社会学的方法の原則
九六		ベルグソン・物質と記憶	第一回オリンピック大会
九九		リッカート・文化科学と自然科学	南阿戦争
一九〇〇	ライル生まる（〜七六）	フッサール・論理的研究（〜〇一）	プランク・量子論の基礎、パヴロフの条件反射
〇二		マイノング・仮定について○コーヘン・純粋認識の論理学	ジード・背徳者○ゴーリキー・どん底
〇三		ムア・倫理学原理○ラッセル・数学の原理○ベルグソン・形而上学序説	ライト兄弟飛行機発明

〇四		コーヘン・純粋意志の倫理学	日露戦争（〜〇五）
〇五	サルトル生まる（〜八〇）	マッハ・認識と誤謬〇ディルタイ・体験と文学	アインシュタイン相対性原理を発見
〇七		ディルタイ・哲学の本質〇ジェイムズ・プラグマティズム〇ベルグソン・創造的進化〇ラシュリエ・三段論法論	
一〇	エイアー生まる（〜八九）	ラッセル・ホワイトヘッド・数学原理（〜一三）	フロイト・精神分析について
一一	オースティン生まる（〜六〇）	ディルタイ・世界観の研究	辛亥革命
一二		コーヘン・純粋感情と美学〇ジェイムズ・根本的経験論	中華民国成立
一三		フッサール・純粋現象学及び現象学的哲学考案〇シェーラー・倫理学	ボーア・原子模型、アインシュタイン・一般相対性原理
一四		ヴィンデルバント・哲学概論〇ラッセル・哲学における科学的方法	第一次世界大戦（〜一八）パナマ運河開通
一五		マイノング・可能性と蓋然性について	
一六		デューイ・民主主義と教育	
			一九一七　レーニン・帝国主義論〇ヴァレリー・若きパルク

西暦	哲学者	哲学書	文化・社会
一九一八		シュリック・一般認識論	シュペングラー・西洋の没落（～二二）
一九		ラッセル・数理哲学序説○ヤスパース・世界観の心理学	ベルサイユ条約、ドイツ・ワイマール憲法発布、五四運動
二〇		ホワイトヘッド・自然の概念○デューイ・哲学の改造	国際連盟成立、ウェルズ・世界文化史大系
二一		デューイ・人間性と行為○ムア・哲学的研究○ウェーバー・科学方法論○ヴィトゲンシュタイン・論理・哲学論考	トレルチ・歴史主義とその諸問題○ソ連邦成立、ムッソリーニ政権獲得
二三		オルテガ・現代の課題	
二六		シェーラー・知の形式と社会○ホワイトヘッド・科学と近代世界	ジード・贋金つくり
二七		ハイデッガー・存在と時間	蒋介石南京政府樹立○カフカ・アメリカ
二八		シェーラー・宇宙における人間の地位○カールナップ・世界の論理的構造	

二九		デューイ・確実性の探究○ホワイトヘッド・過程と実在○シェーラー・哲学的世界観	世界恐慌（〜三二）ケーラー・ゲシュタルト心理学
三一		ヤスパース・現代の精神的状況	
三二		ベルグソン・道徳と宗教の二源泉○ヤスパース・哲学	一九三三　ヒトラー政権獲得
三四		カールナップ・言語の論理的構文法	キュリー夫人工放射能発見○トインビー・歴史の研究（〜六一）
三五		ヤスパース・理性と実存	
三六		エイアー・言語・真理・論理○サルトル・想像力	スターリン憲法、ケインズ・雇用・利子及び貨幣の一般理論
三八		デューイ・論理学○ライヘンバハ・経験と予測	一九三九　第二次世界大戦（〜四五）
四三		サルトル・存在と無	イタリー無条件降伏
四七		カールナップ・意味と必然	一九四五　独・日無条件降伏 カミユ・ペスト

西暦	哲学者	哲学書	文化・社会
一九四八		ラッセル・人間の知識	
四九		ハイデッガー・真理の本質について○ラッセル・権威と個人○ライル・精神の概念	北大西洋条約機構成立
五〇		ハイデッガー・森の道	
五一		ハイデッガー・ヘルダーリンの詩作のための解明○ライヘンバハ・科学哲学の形成	サンフランシスコ条約
五三		ヴィトゲンシュタイン・哲学的研究	スターリン死
五四		ライル・ディレンマ	ジュネーブ会議
六〇		サルトル・弁証法的理性の批判	
六一		オースティン・哲学論文集	

【ワ行】

【ハ行】

【マ行】

【ヤ行】

【ラ行】

【タ行】

【ナ行】

【サ行】

事項索引

【ア行】

【カ行】

人名索引

【ア行】

【カ行】

【サ行】

【タ行】

本書は一九六五年三月、ミネルヴァ書房より刊行された。
ただし、文庫化にあたり人物の没年等については旧版刊行後の情報を補った。

ちくま学芸文庫

西洋哲学史《せいようてつがくし》　ルネサンスから現代《げんだい》まで

二〇一七年五月十日　第一刷発行

著者　野田又夫（のだ・またお）

発行者　山野浩一

発行所　株式会社　筑摩書房
東京都台東区蔵前二－五－三　〒一一一－八七五五
振替〇〇一六〇－八－四一二三

装幀者　安野光雅
印刷所　大日本法令印刷株式会社
製本所　株式会社積信堂

乱丁・落丁本の場合は、左記宛にご送付下さい。
送料小社負担でお取り替えいたします。
ご注文・お問い合わせも左記へお願いします。
筑摩書房サービスセンター
埼玉県さいたま市北区櫛引町二－六〇四　〒三三一－八五〇七
電話番号　〇四八－六五一－〇〇五三

ISBN978-4-480-09796-5 C0110